A EXPERIÊNCIA DO COLABORADOR

Da atração à retenção:
como o Endomarketing pode tornar única
cada etapa da Jornada do Colaborador

A EXPERIÊNCIA DO COLABORADOR

Da atração à retenção:
como o Endomarketing pode tornar única
cada etapa da Jornada do Colaborador

Analisa de Medeiros Brum

participação
Angélica Madalosso

Copyright © 2020 Analisa de Medeiros Brum
Copyright © 2020 Integrare Editora e Livraria Ltda.

Editores
André Luiz M. Tiba e Luciana Marins Tiba

Produção editorial
HappyHouse — Agência de Endomarketing

Preparação e revisão
Fernando Guimarães

Diagramação
Ana Carolina Pinheiro

Capa
Fagner Pereira

Fotos
Analisa de Medeiros Brum: Rafael Renck
Angélica Madalosso: Pedro Jardim

Dados Internacionais de Catalogação na Publicação (CIP)
Angelica Ilacqua CRB-8/7057

Brum, Analisa de Medeiros
 A experiência do colaborador : da atração à retenção: como o endomarketing pode tornar única cada etapa da jornada do colaborador / Analisa de Medeiros Brum ; Angélica Madalosso. - São Paulo : Integrare, 2020.
 252 p.

ISBN 978-65-89140-00-9

1. Administração de pessoal 2. Desenvolvimento organizacional 3. Marketing 4. Comportamento organizacional I. Título II. Madalosso, Angélica

CDD 658.4

20-4144

Índices para catálogo sistemático:

1. Endomarketing : Administração de pessoal

Todos os direitos reservados à
INTEGRARE EDITORA E LIVRARIA LTDA.
Rua Tabapuã, 1123, 7º andar, conj. 71/74
CEP 04533-014 - São Paulo - SP - Brasil
Tel. (55) (11) 58411328

Sumário

Apresentação	7
Prefácio	9
Introdução	11
1. Quando os pontos se conectam	17
2. Um público que exige conexão permanente	27
3. Novas formas de conexão com o público interno	43
4. A experiência que conecta	61
5. O Endomarketing em cada etapa da Jornada do Colaborador	69
5.1. Atração	81
5.2. Recrutamento e seleção	107
5.3. Contratação	129
5.4. Integração	137
5.5. Retenção	155
5.5.1. A informação como estratégia de retenção	169
5.5.2. Integração	195
5.5.3. Reconhecimento	205
5.5.4. Celebração	215
5.6. Desligamento	229
6. A LGPD – Lei Geral de Proteção de Dados e o Endomarketing	239
7. O resultado da experiência	243
Encerramento	249

# Apresentação

Q uando fui convidada para fazer a apresentação deste livro, vieram à minha memória muitas histórias que vivi com a Analisa. Tudo começou na década de 80, quando nos conhecemos, fazendo o que escolhemos como propósito de vida, que é desenvolver pessoas. Estávamos em uma entidade empresarial, e nossa causa era desenvolver profissionais do varejo. Claro que, àquela época, tudo era formatado para vendas e marketing, e a Analisa (uma visionária) convidou-me para dar aulas de gestão de pessoas, ligando, assim, os caminhos que seguiríamos dali para frente: ela em Endomarketing e eu em Recursos Humanos.

Há 20 anos, quando tomou a decisão de empreender, Analisa me contou o seu sonho de criar uma empresa de Endomarketing. "Que ideia genial", pensei, pois ainda não havia, no Brasil, uma empresa especializada nesse assunto.

Àquela altura, eu já estava na área de RH da Lojas Renner e a possibilidade de ter um fornecedor que pensasse a Comunicação Interna encantou-me. Foi assim que ela captou seu primeiro cliente. Nossa Comunicação Interna era analógica (cartazes, murais, revista), mas a Analisa já tinha um olhar muito voltado para líderes, realizando seminários para os nossos gestores do norte ao sul do Brasil.

Por isso, não me surpreende que a HappyHouse tenha evoluído ao longo dos anos, acompanhando a transformação digital e contemplando toda a Jornada do Colaborador.

Neste livro, Analisa traz a amplitude que o Endomarketing está tendo dentro das organizações, apoiando as práticas de gestão de pessoas — algo em que sempre acreditei.

Hoje, vivendo o difícil momento da pandemia, pergunto-me como empresas como a Lojas Renner conseguiriam gerir essa crise mundial — que é social, econômica e de saúde —, se as suas áreas de Comunicação Interna não estivessem bem estruturadas.

Mas não quero abordar esse momento e, sim, validar este livro que traz a conexão perfeita entre a Jornada do Colaborador e a Jornada do Cliente, mostrando que, numa era em que as páginas de carreira nas redes sociais estão sendo usadas não só para atrair candidatos, mas para repassar conhecimentos e compartilhar experiências, tudo começa com o Employer Branding.

Penso que o onboarding, o fortalecimento da cultura, a comunicação de programas de Gestão de Desempenho e de Carreira, os benefícios, os incentivos e tantos outros, com certeza, dependem de um Endomarketing com a amplitude proposta neste livro.

Também neste mundo VUCA, alegra-me ver que a Analisa e a sua empresa conseguiram assumir o digital sem perder a essência, que é focar a alma dos colaboradores. Ser digital com amor — para mim, uma fusão primordial.

É esse dom que a Analisa compartilha conosco neste livro.

Boa leitura.

Clarice Martins Costa
Diretora de Recursos Humanos da Lojas Renner

 # Prefácio

Algo que aprendi ao longo da minha carreira e levo como orientador em minha atuação é que cultura e Endomarketing devem estar totalmente conectados dentro de uma organização. E por que falar de cultura em um livro que aborda a Jornada do Colaborador, o Endomarketing e cita o *Employer Branding*? Porque, na verdade, tudo está ligado e a boa relação entre essas frentes fortalece as organizações e se torna um diferencial competitivo para os negócios.

Em um conceito simples, cultura é a forma que agimos e nos comportamos em grupo. Quando uma empresa atinge um nível de cultura forte e sólido, contribui significativamente para a experiência do colaborador e o negócio. Assim, a cultura deve ser o fio condutor dessa jornada e, por consequência, estar amparada pelos processos de Atração, Recrutamento e Seleção, Contratação, Integração, Retenção e Desligamento — temas aprofundados nesse livro.

Nos últimos anos, tive a oportunidade de trazer reflexões quanto ao futuro e desenvolver um denso projeto de transformação cultural, cujos grandes aliados convergiam nos processos de comunicação. Ou seja, o Endomarketing se mostrou essencial na consolidação do nosso Jeito de Ser e de Fazer, fomentando o tão almejado resultado — superior e sustentável.

Com efeito, um candidato que já conhece e acompanha a trajetória de uma empresa e se identifica com o seu propósito tem maior probabilidade de se integrar com a cultura dessa organização e desenvolver um excelente trabalho após a sua contratação. Isso gera um ciclo virtuoso.

Após 5 anos do início dessa caminhada com foco em cultura, acredito que o olhar para dentro fortaleceu muito a nossa companhia. Somente com colaboradores impulsionando o propósito, alinhados à estratégia e engajados no dia a dia, uma empresa consegue sustentar e promover sua marca. E será um pouco disso que você lerá nesse livro. Com toda sua experiência, essa grande profissional contemplará as principais etapas da Jornada do Colaborador dentro de uma empresa, identificando oportunidades de conexão e trocando experiências.

Jean Carlo Alves Nogueira
Diretor Executivo de Gente e Cultura
GOL Linhas Aéreas Inteligentes

Introdução

A SUA EXPERIÊNCIA AO LER ESTE LIVRO

magino que cada profissional que se propõe a escrever livros técnicos deva ter um processo para a construção da sua obra. O meu começa pelo esqueleto — ou seja, pelo sumário. Defino os assuntos que pretendo abordar e então começo a rechear cada um deles com o conteúdo que, imagino, deva estar ali. Para cada tópico mais abrangente, um capítulo.

Neste livro, em especial, à medida em que os capítulos iam sendo descritos no sumário, comecei a questionar a mim mesma sobre o que exatamente escreveria, ou melhor, sobre qual seria o tema central deste livro.

Escrevo sempre sobre Endomarketing, até porque esse é o único assunto que domino, além de ser a minha paixão. Optei por dedicar a minha vida ao tema, e nunca desviei desse caminho. Pelo contrário: quanto mais aprendo, mais me apaixono; quanto mais o aplico nas empresas para as quais trabalho, mais me dou conta do seu absoluto valor. A minha vontade é a de atingir o maior número de pessoas possível a partir desse sentimento. Entendo que possa parecer exagero, mas é o meu propósito.

Entretanto, neste livro, quero falar sobre Endomarketing a partir de outro ângulo, mostrando, por meio do meu pensamento e de exemplos, o quanto essa estratégia pode — e deve — estar presente durante toda a Jornada do Colaborador dentro de uma empresa.

Para isso, escrevo em dupla com a profissional Angélica Madalosso, responsável pelo *Squad* de *Employer Branding* da agência que dirijo (HappyHouse) e que, hoje, administra as páginas de carreira de grandes empresas brasileiras. Muito do conteúdo que está aqui foi construído junto com ela.

Então este é um livro sobre *Employer Branding*? Não exatamente. No meu último livro, dediquei todo um capítulo a esse tema. Neste, não pretendo me deter em explicar o que é, para que serve, nem quais as técnicas de *Employer Branding*.

Entretanto, acredito que todo o conteúdo destas páginas poderá contribuir para que as empresas planejem e executem um *Employer Branding* cujos esforços estejam conectados, assim formando uma única imagem. Refiro-me à conexão entre todas as etapas da Jornada do Colaborador, que pode acontecer por meio de técnicas e estratégias de Endomarketing. Estas, por sua vez, também podem — e devem — estar conectadas.

Com este livro, meu objetivo é, portanto, contemplar as principais etapas da vida do colaborador dentro de uma empresa, identificando oportunidades de conexão e sugerindo experiências.

Nesse escopo de identificação de oportunidades e sugestão de experiências, encontra-se o Endomarketing na sua essência e com a dimensão que, atualmente, possui. Afinal, se olharmos sob o ponto de vista do *Employer Branding*, creio ser esta a melhor definição para um processo de Endomarketing:

ENDOMARKETING É UM CONJUNTO DE ESFORÇOS PARA ATRAIR, ENGAJAR E RETER COLABORADORES.

Assim, ao compor o esqueleto deste livro, dividi a Jornada do Colaborador em 6 partes:

1. Atração
2. Recrutamento e Seleção
3. Contratação
4. Integração

5. Retenção
6. Desligamento

A minha intenção é a de que os esforços de Endomarketing abordados neste livro possam ser usados pelas empresas para gerar percepções positivas em cada uma dessas etapas.

- **ATRAÇÃO** - Quando uma pessoa se depara com a marca da empresa nas redes sociais ou em ambientes reais, mas ainda não está participando de um processo de seleção.

Que percepção desejamos que ela tenha? "Meu sonho é trabalhar numa empresa como esta".

- **RECRUTAMENTO E SELEÇÃO** - Quando uma pessoa participa do processo de seleção para trabalhar na empresa.

Que percepção desejamos que ela tenha? "Esta empresa é demais. Tenho que conseguir trabalhar nela".

- **CONTRATAÇÃO** - Quando uma pessoa é contratada para trabalhar na empresa.

Que percepção desejamos que ela tenha? "Nem comecei a trabalhar nesta empresa e já estou me sentindo importante".

- **INTEGRAÇÃO** - Quando uma pessoa vive o seu primeiro dia/semana/mês como colaborador da empresa.

Que percepção desejamos que ela tenha? "Nunca foi tão bom trabalhar numa empresa. Parece que estou aqui há anos".

- **RETENÇÃO** - Enquanto uma pessoa trabalhar na empresa.

Que percepção desejamos que ela tenha? Primeiro, "não era só no início. Esta empresa continua me fazendo sentir importante". Depois, "a cada dia, gosto mais de trabalhar nesta empresa".

- **DESLIGAMENTO** - Quando uma pessoa se desligar ou for desligada da empresa, ou quando se aposentar.

Que percepção desejamos que ela tenha? "Esta empresa estará para sempre no meu coração e eu a indicarei sempre que tiver uma oportunidade".

O que você encontrará neste livro são exemplos concretos sobre o que uma empresa pode fazer para obter as percepções acima. Refiro-me a percepções decorrentes das experiências vividas por um colaborador — desde o seu primeiro contato com a empresa até o momento em que deixar de conviver com ela, pois toda relação, invariavelmente, tem um fim.

A experiência enquanto experiência

Nos dicionários, existem mais de 10 sinônimos para a palavra experiência; desses, escolhi cinco que, no meu entender, representam o sentido deste livro e justificam o seu título.

Minha intenção é trabalhar a experiência, primeiro, como VIVÊNCIA e BAGAGEM, uma vez que precisamos considerar aquilo que efetivamente fica na memória afetiva da pessoa.

Paralelamente, também quero abordar a experiência como PRÁTICA, TÉCNICA e HABILIDADE, pois acredito que todos os momentos vividos pelo colaborador dentro de uma empresa representam aprendizado e desenvolvimento — dois aspectos extremamente valorizados pelos *millennials* que, hoje, são maioria no ambiente corporativo.

Embora esteja escrevendo este livro durante a quarentena provocada pela Covid-19, não quero ambientá-lo somente na crise provocada por essa pandemia, até porque sou uma pessoa positiva e, enquanto empresária, meu pensamento está no futuro. Contudo, será inevitável abordar as muitas experiências vividas pelas pessoas e as percepções que estão tendo em decorrência do posicionamento das empresas.

Resumindo, este é mais um livro sobre Endomarketing que escrevo, tendo como base a Jornada do Colaborador, e que traz insumos para as empresas trabalharem o seu *Employer Branding* durante e após a pandemia Covid-19, pois muito do que estamos aprendendo agora beneficiará o nosso futuro.

Assim, desejo que a leitura deste livro se caracterize como uma experiência aprazível para todos.

1.
QUANDO OS PONTOS SE CONECTAM

Segundo Steve Jobs, você não consegue ligar os pontos olhando para frente — você só consegue ligá-los olhando para trás. Por isso, é preciso confiar que os pontos se ligarão algum dia. Ou seja, é preciso confiar em algo: instinto, destino, vida, carma, ou o que for.

Pois, na minha vida, os pontos se ligaram de tal forma que, hoje, a minha gestão à frente da HappyHouse — Agência de Endomarketing (que, a partir daqui, chamarei apenas de Happy) e o conteúdo sobre Endomarketing que venho construindo há mais de 20 anos se confundem na teoria e na prática.

Um longo caminho

Não obstante, esse foi um longo caminho que não começou exatamente em 5 de setembro de 2000, quando vivi o meu primeiro dia na agência que criei. Ao ler este livro, você vai perceber que os pontos começaram a se ligar muito antes disso e que permanecem se encontrando até hoje.

Na minha vida, tudo ou teve ou ainda tem um sentido, um significado. Absolutamente nada aconteceu ou acontece por acaso, e essa crença é o que me motiva a escrever na primeira pessoa (mesmo tendo Angélica Madalosso como minha parceira na construção de conteúdo), contando o que aconteceu na minha vida, no Endomarketing e na Happy — que, neste ano, completou duas décadas de atividades.

Fui uma menina esperta e curiosa. Gostava de escrever e os meus pais me fizeram acreditar que eu era inteligente. Minha mãe era professora no colégio em que eu estudava, e ouvia elogios dos demais professores a meu respeito. Minha professora de piano (Carmem Pozzer) dizia que eu era sua melhor aluna. Minhas colegas de aula me pediam "cola" nas sabatinas (como eram chamadas as provas àquela época), e os meus tios costumavam perguntar o que eu queria ser quando crescesse, despertando em mim uma grande expectativa em relação ao futuro. Em outras palavras, o universo se encarregou de provocar a autoconfiança que me acompanha desde a infância.

A verdade é que me saía muito bem em praticamente tudo, exceto nos esportes. Eu jogava muito mal e sentia vergonha por isso. Meu saque jamais fez a bola atravessar a rede de vôlei, e a rede de basquete nunca recebeu uma "cesta" vinda das minhas mãos. Lembro que me saía um pouco melhor apenas no tênis de mesa, mas isso era decorrente da competição que eu mantinha com meus irmãos homens. Sempre fui competitiva e, no apartamento onde morávamos, a cozinha era tão grande que nela cabia uma mesa comprida, na qual passávamos a tarde jogando tênis de mesa até eu completar 15 anos, idade em que comecei a trabalhar.

Aos poucos, fui notando que os números tampouco eram o meu forte e que eu havia nascido para me relacionar, isso sim, com as palavras. A verdade é que sempre gostei de escrever e, quanto mais exercitava esse afeto, mais forte ele se tornava.

Meu primeiro emprego

Comecei a trabalhar como datilógrafa numa instituição chamada CETERGS (Centro de Treinamento Empresarial do Rio Grande do Sul), onde formatava projetos de consultoria em administração de empresas, o que fez eu me interessar por assuntos afins. Enquanto datilografava os relatórios dos consultores, esforçava-me para entender o trabalho deles.

Em seguida, fui trabalhar na ADVB/RS (Associação dos Dirigentes de Vendas do Brasil) como secretária, momento em que comecei a conviver com elogios quanto à forma e à rapidez com que escrevia.

Obviamente, também recebi críticas ao meu trabalho. Naquela época, os gestores eram pessoas duras e fui liderada por vários assim. Mas prefiro lembrar-me dos elogios, especialmente daqueles que contribuíram para que eu acreditasse em mim. Logo que entrei na ADVB/RS, aos 17 anos, eu deveria assistir a uma reunião de diretoria para escrever a ata. Aquele era um encontro especial, no qual um dos membros (João Francisco de Pinedo Kasper) falaria sobre marketing de varejo. Já cursando a faculdade de Comunicação, prestei atenção em cada detalhe da fala dele e escrevi a ata como se fosse um trabalho de conclusão de curso. No final do dia, o Diretor Executivo (João Carlos Reichardt) chamou-me em sua sala para elogiar o que eu havia escrito.

Estou me referindo a algo que aconteceu no início da década de 80, mas que me remete a uma parte importante do Endomarketing: o reconhecimento. Acredito muito no poder do elogio e penso que sou fruto de todo o reconhecimento que recebi nos diferentes momentos da minha vida profissional.

Ao longo dos quase 10 anos em que trabalhei na ADVB/RS, fui promovida várias vezes: assumi a área de Comunicação e, depois, acumulei a área de Cursos. Mas o mais importante foi o fato de eu ter aproveitado absolutamente todas as oportunidades de convivência com palestrantes e professores, de acesso a programas de treinamento sem precisar pagar por isso e de conversas com profissionais e empresários dos mais diversos setores. Naquela época, eu já estava formada em Comunicação Social (concluí a faculdade aos 20 anos de idade), e os cursos de pós-graduação eram raros e caros. Em programas de MBA (Master Business Administration), nem se falava.

Por volta de 1986, a ESPM — Escola Superior de Propaganda e Marketing — chegou ao Rio Grande do Sul por meio da ADVB/RS para funcionar aos sábados e eu me ofereci para trabalhar gratuitamente como secretária.

Portanto, minha especialização aconteceu, de fato, enquanto eu trabalhava, sem direito a diplomas, o que jamais me fez falta. Eu era apenas uma funcionária e estava ali para organizar os eventos e as aulas, receber os professores, rodar as apostilas, colocar os avisos nos quadros etc., porém aproveitando para ter acesso a um conteúdo diverso e de qualidade.

Aproveitando as oportunidades

Neste caso, também sou fruto das oportunidades de aprendizado que tive. E foram essas oportunidades que, aos poucos, despertaram a minha atenção para a Comunicação Interna. Enquanto ouvia sobre técnicas e estratégias de marketing, pensava em como utilizá-las na comunicação com empregados.

No início da década de 90, fui trabalhar no SENAI/RS (Serviço Nacional de Aprendizagem Industrial), onde gerenciava a área de Comunicação, tendo como instrumentos de trabalho apenas uma máquina de escrever elétrica e um telefone. Nessa instituição, pude colocar em prática algumas ações e instrumentos de Comunicação Interna, pois a gestão incentivava e a estrutura exigia.

Nessa época, o SENAI/RS recebeu dois consultores paulistas de uma empresa chamada Nova Gestão que traziam a proposta de se trabalhar a comunicação com empregados por meio de quadros de feltro verde espalhados pela empresa, o que passamos a fazer. Além disso, agregamos uma série de outras iniciativas que criamos e que acabaram compondo um processo de Comunicação Interna caseiro e simplório, mas que funcionava muito bem e era apreciado pelo público interno.

Foi nessa época, também, que assisti a um curso do consultor e escritor Júlio Lobos, no qual falou sobre Endomarketing. Ao ouvir sua definição para esse conceito, pensei que era justamente aquilo o que eu vinha fazendo no SENAI/RS.

Dois anos depois, a Diretora Regional do SENAI/RS, Zeli Ambrós, foi atuar em outro estado e eu quis dar a ela um presente: um relatório, ilustrado com fotos e materiais, de tudo o que tínhamos feito na comunicação com o público interno durante a sua gestão.

Ao receber o relatório, ela o elogiou e eu decidi inscrevê-lo em prêmios. Assim, em 1992, quando quase ninguém falava sobre Comunicação Interna e Endomarketing, eu ganhei os prêmios "Opinião Pública" em São Paulo e "Ideias em Relações Públicas" no Rio de Janeiro. Além disso, foi a primeira vez que um trabalho de marketing interno ganhou o prêmio "Top de Marketing" da ADVB/RS.

Nesse momento, vivi o desafio de fazer aquilo que considerei a minha primeira palestra, pois o Prêmio Opinião Pública previa que os vencedores apresentassem seus *cases* num evento que acontecia antes da solenidade de entrega do prêmio. Ali, falei sobre Endomarketing como uma grande descoberta e consegui emocionar o público. Lembro-me de ter dito que acreditava ser possível as empresas proporcionarem ambientes mais felizes para se trabalhar e que pretendia intensificar meus estudos sobre isso.

Depois desses prêmios, passei a receber muitos convites para apresentar o case do SENAI/RS e, aos poucos, fui transformando essas apresentações em palestras. A partir daí, não parei mais. Hoje, faço uma média de 50 palestras por ano, sempre defendendo a ideia de que existem muitas técnicas e estratégias de marketing que podem — e devem — ser usadas na comunicação das empresas com os seus empregados.

A maior parte dos treinamentos que faço, neste momento, tem o objetivo de preparar os líderes para atuarem como o primeiro e principal canal de comunicação de uma empresa. Para mim, o Endomarketing começa na atitude da liderança, e existem formas de tornar essa interação produtiva e eficiente.

O fato de ter tido líderes de diferentes perfis — alguns com muita dificuldade de comunicação —, foi um dos pontos marcantes da minha trajetória que, depois, tive a oportunidade de ligar com o Endomarketing. Por isso, especializei-me no treinamento de lideranças para a comunicação face a face.

A vontade de escrever

Em 1994, percebi que não havia sequer um livro sobre Endomarketing no mercado brasileiro e, com um misto de medo e ousadia, comecei a escrever aquela que seria a minha primeira obra. Mesmo sabendo muito pouco sobre o assunto, bati na porta de várias editoras com os originais debaixo do braço, incluindo algumas de São Paulo, das quais jamais recebi uma resposta. Meu primeiro livro foi editado em Porto Alegre pelo Airton Ortiz que, na época, dirigia a Editora Tchê, a quem sempre serei grata.

Na data marcada para a noite de autógrafos, eu descobri que estava grávida da minha filha que, hoje, está com 25 anos de idade e dirige a operação da Happy. Havia chegado, portanto, o momento de pensar seriamente no futuro, pois, a partir dali, teria uma filha para criar.

Dentro desse contexto, decidi que escreveria um livro a cada três anos para me tornar e me manter como uma referência no assunto, o que tenho cumprido rigorosamente — meu último, que se chama Endomarketing Estratégico, foi lançado em 2017. Mas 2020 não é apenas o ano de lançar mais um livro e, sim, o ano em que a Happy completa 20 anos de atividades, o que significa que os pontos estão se conectando mais uma vez.

Um ano depois de lançar meu primeiro livro, entrei para a área de projetos de uma grande agência de propaganda, na qual trabalhei por cinco anos e onde tive a oportunidade de colocar em prática a minha teoria sobre Endomarketing, prestando serviços para alguns dos seus clientes.

O desafio de empreender

Era maio do ano 2000 quando recebi o convite do publicitário Alexandre Skowronsky para criarmos, juntos, a Happy. A ideia da empresa foi dele e o formato de agência de propaganda foi sugerido por mim. Eu acreditava que, se criássemos uma empresa totalmente focada na comunicação das empresas com os seus empregados, com o mesmo molde e a mesma operação de uma agência de propaganda, o nosso negócio já nasceria bem posicionado.

Mais uma vez, dois pontos se ligaram e nasceu a Happy que, caso surgisse hoje, seria considerada uma *startup*. Além da proposta inovadora, estávamos criando um segmento de mercado que não existia na Comunicação.

A percepção que eu tinha, na época, era a de que as áreas de Recursos Humanos das grandes empresas estavam evoluindo e precisavam de um fornecedor de comunicação que as entendesse e atendesse. Mesmo observando as agências se posicionarem como comunicação 360 graus, eu sabia que o modelo tradicional não conseguiria resolver a comunicação com o público interno.

Desde o dia em que abrimos a Happy (05/09/2000), a conexão entre pontos que, no passado, pareciam tão distantes e até impossíveis (como existir na cidade de Porto Alegre e conquistar o mercado nacional) foi acontecendo, até nos tornarmos a referência que somos hoje.

Por isso, ao escrever este livro, estou cumprindo com três objetivos:

- contar sobre o que temos feito para construir e manter uma empresa que é referência no mercado e que, em vez de clientes e amigos, possui fãs;

- abordar o Endomarketing, levando em consideração o fato de que um colaborador, quando decide trabalhar numa empresa, passará por várias etapas na relação com ela — inclusive contando histórias da própria Happy; e

- atingir minha meta de escrever um livro a cada três anos.

A minha jornada

Desde que comecei a trabalhar, foram 22 anos (dos 15 aos 37) atuando como empregada, e 20 anos (dos 37 aos 57) à frente de um negócio diferenciado e inovador, liderando pessoas e convivendo com empresas de grande porte em diversos segmentos.

Isso me deu uma ampla compreensão do que hoje chamamos Jornada do Colaborador, ao mesmo tempo que me permitiu abordar cada uma das suas etapas, trazendo o que de melhor se pode fazer em benefício tanto da empresa quanto do empregado.

2.
UM PÚBLICO QUE EXIGE CONEXÃO PERMANENTE

Considero impossível escrever um livro sobre a experiência do colaborador sem abordar, mesmo que de forma rápida, "quem é" o público interno com o qual as empresas precisam se comunicar de forma a convencê-lo de que a sua jornada está sendo acolhedora e, ao mesmo tempo, excitante.

Para começar esse assunto, preciso reforçar que, embora o Endomarketing tenha evoluído, ele ainda é um movimento de massa, ou seja, uma comunicação que atinge um grande grupo de pessoas por meio de diferentes canais e mídias internas.

As empresas que investem em Comunicação Interna o fazem porque querem "tornar comum" uma mensagem entre os seus colaboradores, mesmo que, para atingir determinados segmentos de público interno, sejam necessárias diferentes abordagens e vários canais/veículos. Mas a mensagem, na sua essência, geralmente é comum.

Dentro desse contexto, já existe um movimento muito forte das empresas no sentido de entregar a informação de forma exclusiva e prioritária para as lideranças, o que é uma estratégia decisiva para responsabilizá-las e as instrumentalizar para a comunicação face a face.

Existem esforços, também, para entregar a informação a segmentos de público que trabalham em outros locais além daqueles onde está o maior número de empregados, como, por exemplo, profissionais da área comercial que atuam fora da empresa, motoristas nas empresas de transporte, tripulação nas empresas aéreas ou operários que atuam dentro de minas de céu aberto e fechado, em plataformas no mar etc.

Segmentar é preciso

Mesmo assim, pode-se dizer que a maior parte das empresas pratica uma Comunicação Interna de massa, o que não as impede de atingir bons resultados. Contudo, esse é um processo evolutivo. Cada vez mais as empresas segmentarão seus esforços, o que certamente maximizará os resultados obtidos.

É crescente, também, a exigência que caracteriza o profissional 4.0, principalmente no que diz respeito ao fato de eles rejeitarem empresas que tratam seus empregados como meras linhas na planilha de pagamento. Quanto mais qualificado for o profissional, mais ele dará preferência às empresas que realmente se preocupam com o bem-estar e o desenvolvimento do ser humano.

Além disso, os profissionais 4.0 buscam um ambiente colaborativo e inovador, no qual possam aprender, desaprender e reaprender. Estou me referindo à necessidade de personalização que, embora pareça um discurso antigo já abordado em muitos livros — inclusive nos meus —, requer olhar e escutar as pessoas, lembrando que escutar significa ouvir com atenção e, para isso, é preciso olhar para a pessoa.

Exemplos disso estão à nossa volta. Quando acessamos redes sociais ou plataformas de *streaming*, como Netflix ou Spotify, facilmente notamos que um algoritmo é empregado para priorizar os conteúdos considerados mais relevantes ao perfil do consumidor. Isso já é uma realidade no Endomarketing? Ainda não, pois existem dificuldades reais enfrentadas pelas empresas neste sentido. Aqui, quero apenas chamar atenção para o fato de que,

HOJE, A PERSONALIZAÇÃO VAI MUITO ALÉM DO USO DO PRÓPRIO NOME.

Quando realizamos processos de diagnóstico, levantando sentimentos e percepções sobre a forma como as empresas se comunicam com os seus empregados, o que mais ouvimos é que eles recebem informações sobre assuntos pouco relevantes e não relacionados ao seu interesse. A empresa, por sua vez, acredita que está desempenhando comunicação, pois, para ela, o material enviado é, em nível de informação, importante.

A informação sobre o negócio

A verdade é que o público interno 4.0 quer muito mais do que a informação do dia a dia sobre fatos e eventos que acontecem na empresa. As pessoas querem conhecer profundamente o negócio e entender qual é a sua contribuição para a sociedade. Elas desejam, também, saber sobre o momento do negócio, em que patamar ele se encontra em relação ao mercado, seus planos para o futuro e, principalmente, o que devem fazer para contribuir com isso.

Neste momento de pandemia Covid-19, por exemplo, a informação sobre o negócio, os impactos que a empresa está sofrendo, o que ela está fazendo para se reinventar e outras informações afins têm sido decisivas para o bem-estar e o engajamento do público interno.

Ao longo dos meus livros, venho defendendo a ideia de que a informação é a maior e a melhor estratégia de engajamento de colaboradores. Mas já há algum tempo tenho usado a expressão "informação estratégica", pois não restam dúvidas de que as pessoas querem conhecer e entender a estratégia da empresa.

Um novo público interno

Dentro desse público interno 4.0, encontramos as gerações:

- X, com muitos representantes que ainda não deixaram o mercado de trabalho, já que as pessoas estão demorando mais para se aposentar ou desconsiderando totalmente essa possibilidade;

- Y, com representantes que já se encontram ocupando cargos de liderança em áreas importantes e decisivas das empresas; e

- Z, com uma "galera" que está chegando ao mercado de trabalho totalmente influenciada pela história recente do nosso país e pela convivência permanente com a tecnologia, além de impactada pela pandemia Covid-19, o que representa um olhar renovado sobre as relações pessoais e profissionais.

A Z é uma geração que chegou para ocupar rapidamente 20% dos postos de trabalho nas empresas, número que crescerá em pouco tempo e que demandará mudanças significativas nas estruturas e nos processos corporativos.

Embora exista uma nova geração chamada Alpha, que compreende os nascidos nos últimos dez anos (desde 2010), a geração Z pode ser chamada de "nova geração", pois é isso que representa no atual mercado de trabalho.

Essa nova geração, ao escolher uma empresa, possui, como primeira exigência, que haja um propósito expresso e praticado efetivamente, assim como pensam os representantes da geração Y.

Juntando as gerações Z e Y, temos a maioria do público interno de uma empresa. E o que eles querem? Dinheiro? Pesquisas mostram que sim, mas não em primeiro lugar.

Pelo relatório MarketData Geometry Global de 2019, 38% dos *millennials* valorizam a qualidade de vida, 24% querem construir uma carreira, 19% anseiam por contribuir com a humanidade e apenas 19% estão focados em ganhar dinheiro.

Esse relatório diz, ainda, que 21% dos *millennials* querem completar os estudos, 19% desejam viver experiências, 17% trabalham para adquirir uma casa própria e apenas 13% pretendem ter filhos.

Uma relação diferente

O trabalho, obviamente, é importante para eles, mas quero chamar atenção para o fato de os *millennials* terem uma relação diferente com a empresa.

Esse mesmo relatório diz que 33% dos *millennials* já trocaram uma empresa que paga um salário melhor por uma que, comprovadamente, faz o bem, sendo que 83% se sentem responsáveis pelo meio ambiente em todos os sentidos, e 84% rejeitam empresas que não contribuem para o mundo e fazem promessas falsas.

Um ano antes de esse relatório ter sido publicado, a Pesquisa Deloitte Millennial Survey já havia dito que os *millennials*, de uma forma geral, acreditam que o objetivo de todas as empresas deveria ser o de melhorar a sociedade.

Na crise decorrente da Covid-19,

AS MARCAS ESTÃO SE POSICIONANDO COMO PARCEIRAS DA SOCIEDADE,

fazendo doações importantes para o sistema de saúde, colocando-se à disposição do governo para aquilo que a burocracia e os entraves do sistema público dificultam, dentre outras iniciativas. Isso mostra a contribuição da empresa para a sociedade, trabalhando a sua imagem em todos os níveis e contribuindo de uma forma muito forte para o seu *Employer Branding*.

Dentro desse contexto, é cada vez mais alta a rotatividade de empregados jovens por causa da insatisfação com a falta de propósito das empresas. E, quando abordamos propósito, não podemos deixar de levar em consideração que, aos poucos, as pessoas foram deixando de comprar "o quê" a empresa faz e passando a levar em consideração o "por quê" a empresa faz.

Hoje tudo é propósito

O "por quê" é o propósito, embora muitas empresas ainda o confundam com a missão, que significa "o quê". Sob o ponto de vista do Endomarketing, essa confusão, muitas vezes, é o que impede a empresa de trabalhar o seu propósito como um posicionamento interno.

PROPÓSITO É A CONTRIBUIÇÃO DA EMPRESA PARA O MUNDO.

Hoje, tudo que uma empresa faz ganha relevância quando ela consegue, por meio do seu negócio, impactar positivamente a sociedade.

Portanto, as empresas estão realizando doações para ajudar o país no combate à Covid-19 (o quê) porque, no seu propósito, ou inseridas nele, estão a preocupação com as pessoas e a responsabilidade que acreditam ter com a sociedade (por quê).

Entendo que a primeira e principal experiência que uma empresa possa proporcionar ao seu colaborador é permitir e incentivar que ele trabalhe em função de um propósito no qual acredita e com o qual concorda.

Assim, cada vez mais as empresas precisam vender para quem acredita naquilo que ela mesma acredita. Mais do que isso, as empresas precisam contratar, como colaboradores, pessoas assim. Por isso, o propósito tem que estar presente já na atração de talentos.

Propósito e posicionamento

Neste momento, propósito e posicionamento se misturam e podem ser utilizados tanto na Comunicação Externa quanto na Interna. No caso do Endomarketing, quando o propósito é o alicerce de tudo e está presente na linguagem por meio da qual a empresa se comunica com o público interno, fica muito mais fácil estabelecer uma conexão entre todas as etapas da Jornada do Colaborador.

O que quero dizer é que todas as empresas, independente de porte ou segmento de atuação, devem definir e trabalhar internamente o seu propósito, podendo usá-lo como um posicionamento interno que assine todas as experiências proporcionadas ao colaborador.

Os elementos que representam a cultura de uma empresa, normalmente, são: propósito, missão, visão e valores. Existem as empresas que conseguem juntar propósito e missão na mesma frase, o que não podemos considerar errado, pois esse conteúdo é totalmente diferente de uma empresa para outra, e cada uma deve adotar o que considera adequado para o seu negócio.

Como inspiração, coloco aqui alguns dos propósitos que admiro pela forma como são representados.

TED – Ideias que merecem ser espalhadas.

GOOGLE – Organizar a informação do mundo.

REDBULL – Energizar o mundo.

LOCALIZA – Com você, construindo o futuro da mobilidade.

YARA FERTILIZANTES – Proteger o planeta e alimentar o mundo.

COCA-COLA – Refrescar o mundo.

RESERVA – Cuidar, emocionar e surpreender as pessoas todos os dias.

SAP – Ajudar o mundo a funcionar melhor e melhorar a vida das pessoas.

NIKE – Trazer inspiração e inovação para cada atleta do mundo.

DOVE – Criar um mundo onde beleza seja uma fonte de confiança, e não de ansiedade.

Parece óbvio falar sobre propósito, mas basta pesquisar para ver que a maioria das empresas ainda não corporificou o seu. Muitas certamente o possuem, mas ainda não definiram uma frase/texto para representá-lo e, por consequência, estão perdendo a oportunidade de se beneficiar desse recurso na comunicação com os seus colaboradores.

Sobre isso, Jill Ader, Global Chairwoman da Consultoria Egon Zehnder, diz: "se você não tiver clareza sobre qual é o seu propósito, isso vai ser um problema enorme no futuro. Então, comece agora. Mas veja isso como uma maneira de direcionar toda a energia e a paixão dentro da organização para um objetivo definido. Se fizer isso, os números vão acontecer".

Segundo ela, as empresas precisam ter três preocupações urgentes: lucro, pessoas e planeta. "O lucro continua sendo importante, mas há outras prioridades: garantir segurança emocional para os empregados e ter um propósito relacionado com o futuro do planeta".

Um espaço de desenvolvimento

Antes da pandemia Covid-19, pesquisas realizadas com os *millennials* mostravam que, além de querer trabalhar por um propósito, esse público enxergava o ambiente corporativo como um espaço de desenvolvimento. Isso vinha sendo sido visto, inclusive, como mais importante que a questão financeira.

Quanto ao ambiente de trabalho, tanto o *home office* quanto os espaços de *coworking* estavam sendo bastante valorizados por esse público. Entretanto, até o início da pandemia Covid-19, o escritório corporativo ainda contava com um número significativo de adeptos.

A realidade do *home office*

O *home office* era, portanto, visto com bons olhos. Contudo, na medida em que estão vivendo essa experiência pela necessidade de isolamento social, os *millennials* estão se dando conta de que trabalhar sozinhos em casa, muitas vezes em apartamentos pequenos, não é a melhor opção, especialmente para aqueles que já possuem filhos, além da falta que a convivência com colegas da mesma geração faz.

Apesar de estarmos vendo empresas anunciando que transformarão toda a sua estrutura em *home office*, assim como muitos profissionais liberais que mantinham escritórios decidiram fechá-los, certos de que passarão a trabalhar em casa para sempre — o que parece uma tendência natural —, percebe-se uma baixa na glamourização desse modelo.

É bem possível que, após a pandemia Covid-19, o desafio das empresas não seja o de "manter o *home office*", e, sim, de melhorar os seus ambientes, tornando-os mais agradáveis, confortáveis, iluminados, asseados e colaborativos, pois, no final das contas, depois de meses trabalhando em casa, é com isso que os *millennials* estão sonhando: ter um lugar especial para ir trabalhar todos os dias.

Dentro desse contexto, entra a comunicação do líder com a sua equipe que, mesmo com tantas ferramentas digitais, apresenta melhores resultados em nível de motivação e de engajamento por meio do contato pessoal.

Com relação à geração Z, vale ressaltar o idealismo e o pragmatismo que a caracteriza por ter nascido num mundo recheado de crises, rupturas, incertezas, inseguranças, falta de empregos e desastres naturais. Por mais paradoxo que possa ser, a verdade é que esses "novatos" valorizarão, cada vez mais, a segurança que um grupo seleto de empresas é capaz de proporcionar.

Talvez por isso, quando questionados sobre os benefícios que esperam de uma empresa, a palavra mais citada seja saúde, o que traduz o desejo por um ambiente saudável e não apenas a expectativa por um bom plano de saúde.

Mentoria e *coaching*

O segundo item mais citado tem a ver com desenvolvimento. As palavras "mentoria" e "*coaching*" são usadas por esse público para representar o seu desejo de desenvolvimento. Mais do que treinamento, a Geração Z pretende que alguém com conhecimento técnico os auxilie no seu crescimento.

Se levarmos em consideração a necessidade de segurança, não nos surpreenderá o fato de que a maioria dos representantes dessa nova geração prefere trabalhar em médias e pequenas empresas (79%) e a minoria em *startups* (14%), segundo pesquisa da Gente/Globosat de 2020.

É evidente que, por trás dessas afirmações e números, existe um interesse constante por reconhecimento financeiro, assim como por oportunidades de aprendizado e desenvolvimento.

OS MILLENNIALS SÃO APRENDIZES VELOZES,

o que é decorrente da relação natural e íntima que possuem com a tecnologia, e que envolve processos de aprendizagem multicanal. Essa é uma das questões que os afasta dos representantes da Geração X ainda habitantes nas empresas.

Para os representantes da Geração X, o aprendizado na infância aconteceu no ambiente escolar e por meio de livros, cadernos e lápis. Isso os torna mais lentos e com uma certa baixa autoestima diante da nova geração, que domina línguas e manuseia tecnologias com destreza.

Enquanto as pessoas das Gerações Y e Z aprendem por meio de vídeos e *games*, a Geração X ainda precisa de recursos mais tradicionais.

Isso significa que os canais de Comunicação Interna e as mensagens por meio de notícias e campanhas de Endomarketing precisam ser diferentes para os *millennials* e para os representantes da Geração X? Não necessariamente, pois as três gerações, neste momento, possuem um *smartphone* na mão, por onde se informam e exercitam a comunicação através das redes sociais, o que as conecta com o mundo e as faz dominar as tecnologias utilizadas pelas empresas para se comunicar com o seu público interno. Porém é importante que tenham instrumentos simples, de fácil entendimento, acesso e interação.

Os canais e as mensagens podem e devem ser distintos para atingir diferentes níveis e perfis de profissionais como, por exemplo, lideranças, base administrativa e base operacional, de acordo com o nível da informação e o objetivo da empresa de que a mensagem atinja apenas um ou mais segmentos, mas não em função de o público interno ser formado por três gerações.

No que se refere a experiências, sim. Essas três gerações precisam ser observadas e entendidas sob o ponto de vista de comportamento, preferências e ambições, a fim de que as experiências proporcionadas pela empresa possam ser adequadas a cada uma delas.

Liderando *millennials*

Com relação à comunicação líder/equipe, para os *millennials*, a ideia de hierarquia está muito mais ligada ao conhecimento do que a cargos ou posições de poder. Isso significa que o líder de hoje precisa se posicionar e construir autoridade, legitimando o seu conhecimento e a sua experiência adquirida diante da equipe.

Dentro do seu desejo de crescimento, os *millennials* veem como líder aquele que busca o desenvolvimento da sua equipe e que atua de forma colaborativa, estando disponível e contribuindo com as pessoas sempre que entender necessário, até porque

DESENVOLVER SIGNIFICA "DEIXAR FAZER" E TRATAR O ERRO COMO UMA EXPERIÊNCIA DE APRENDIZADO.

Na agência que dirijo, as Executivas de Contas (Atendimentos) é que lideram os *squads* compostos por Assistentes de Atendimento, Gestores de Conteúdo, Redatores e Diretores de Arte. "Mas elas lideram o pessoal de criação?", você deve estar se perguntando. Sim, pois, na Happy, liderar não significa "mandar"; liderar significa colaborar e orientar com base no que o cliente precisa, fator que cada Executiva de Contas domina mais do que ninguém pela convivência diária com ele, mesmo que, na maior parte das vezes, a interação seja digital. "Mas quem avalia e contribui com o trabalho de criação?", é outra pergunta que você deve estar se fazendo. Pois os profissionais de criação contribuem e orientam uns aos outros. Os mais experientes auxiliam os mais novos e, com isso, temos uma equipe integrada — e a colaboração não está apenas no discurso.

Transformamos a estrutura da Happy em *squads* há anos, muito antes de começarem a falar sobre esse modelo, e nunca nos arrependemos. Quando um profissional de criação é entrevistado para trabalhar conosco, é informado de que terá, como líder do *squad* no qual trabalhará, a Executiva de Contas. "Mas o profissional de criação aceita isso?", é mais uma pergunta recorrente. Sim, porque essa é uma questão muito bem explicada e defendida no momento da seleção de talentos.

Existe uma regra que é básica em Comunicação Interna:

A INFORMAÇÃO PELA INFORMAÇÃO NUNCA É SUFICIENTE.

As pessoas precisam da explicação da informação para se engajarem naquilo que a empresa está propondo. Muitas vezes, as empresas comunicam algo da forma mais superficial possível, sem nenhum argumento ou justificativa adicional e, depois, reclamam que os colaboradores não se engajaram, colocando a culpa da não assimilação e prática neles, quando a responsabilidade de comunicar de forma eficiente é dela própria.

Liderança colaborativa

A liderança colaborativa é um conceito milenar. Mesmo os primitivos, quando tinham um problema complexo para resolver, como caçar para poder se alimentar e sobreviver, faziam-no em grupo. Afinal, juntos, tinham muito mais chances de encontrar e matar um animal e, quando isso acontecia, tinham alimento em abundância. Mesmo nessa época, acredito que sempre havia alguém que assumia a liderança do grupo, desde a iniciativa até a concretização do objetivo pelo qual se uniam.

Contudo, sabemos que o modelo colaborativo se depara com elementos como egos, vontades, objetivos, agendas e até mesmo formas diferentes de fazer algo — uma equação que, por vezes, é difícil de equilibrar.

Por isso, classifico a liderança colaborativa como uma experiência ainda em descoberta e desenvolvimento. Sempre haverá arestas a serem aparadas.

É importante lembrar que, quanto mais jovens, mais as pessoas desejam esse tipo de liderança. Segundo pesquisa da Gente/Globosat de 2020, a Geração Z acredita que líder tem que ser aquele que busca o desenvolvimento da equipe (96%); compartilha conhecimento (95%); trabalha junto com seu time (95%); e fala "nós" em vez de "eu" (70%). Esses índices representam a dimensão do desejo e da expectativa da geração que está entrando no mercado de trabalho.

Sobre a Geração Z, é importante ressaltar que a sua relação com a tecnologia não é caracterizada pelo medo de que os robôs roubem seus empregos e, sim, de intimidade.

Resumindo, a noção de hierarquia passa a ser cada vez mais impulsionada pelos *drives* do conhecimento e da colaboração, enquanto a tecnologia não é vista como uma vilã e, sim, como uma parceira inseparável.

Isso determina a necessidade de um novo estilo de líder que precisa ser distinguido, responsabilizado, treinado e instrumentalizado pelas empresas para atuar como "mentor" e "*coach*", lembrando que os representantes da nova geração desejam ter alguém que os acompanhe e contribua com o seu crescimento.

Essa é a posição que o líder deve ocupar como responsável direto pela etapa de retenção na Jornada do Colaborador.

Pesquisas e, principalmente, entrevistas de desligamento têm mostrado que existem três motivos recorrentes para que as pessoas peçam demissão dos seus empregos: o primeiro deles é o sentimento de que o seu líder não é um exemplo em nível de comportamento, nem representa uma inspiração para a sua equipe. Em segundo lugar, está a falta de crescimento profissional e, em terceiro, a falta de *feedback* para o desenvolvimento contínuo.

Assim, defendo a ideia de que o líder de hoje e do futuro deve unir duas características fundamentais que são a comunicação e a colaboração. É o que eu chamo de

LÍDER.CO – COMUNICADOR E COLABORATIVO.

Isso significa participar não apenas de decisões estratégicas, mas, principalmente, de atividades fundamentais. Dirijo a Happy há 20 anos e, mesmo assim, participo ativamente dos esforços de planejamento, num empenho colaborativo com os profissionais da área, pois penso que isso é essencial para manter o DNA da marca nos trabalhos, para orientar e engajar a equipe e, principalmente, para que bons resultados possam ser alcançados, reconhecidos e celebrados.

Aqui, vale lembrar que reconhecimento e celebração são experiências que colocam o colaborador num outro patamar em nível de autoestima e engajamento. Isso ficará evidente nos próximos capítulos, quando abordaremos cada uma das etapas da Jornada do Colaborador.

Antes disso, considerei importante me deter um pouco nas características do público interno com o qual as empresas estão convivendo neste momento, pois acredito que, para existir, o Endomarketing tem que partir de cinco definições:

- quem é o público a ser atingido;

- qual é a percepção/imagem/comportamento que queremos gerar;

- quais os recursos dos quais dispomos;

- que experiências vamos proporcionar; e

- como vamos monitorar.

Esses itens, quando respondidos, são o alicerce para a construção de um bom processo de Comunicação Interna e Endomarketing.

3. NOVAS FORMAS DE CONEXÃO COM O PÚBLICO INTERNO

Recentemente, numa entrevista para a Band FM, a jornalista me perguntou sobre o que mudou no Endomarketing, a que respondi: "tudo". E complementei: "o Endomarketing evoluiu muito nos últimos anos. Pontos que habitavam a minha mente de forma desordenada e que, antes, não se conectavam, começaram a fazer sentido na medida em que as empresas evoluíram na relação com os seus empregados."

O que mudou

Por isso, antes de falar sobre a Jornada do Colaborador, é preciso que eu posicione o Endomarketing nos tempos de hoje, trazendo a tecnologia como um dos fatores decisivos para que tudo tenha mudado e como um recurso do qual as empresas podem se beneficiar para um maior alcance dos seus esforços de Endomarketing.

Muito do que era considerado tendência — como, por exemplo, a ampliação do investimento em tecnologia; o uso de canais digitais; a implantação de redes sociais internas e até mesmo a migração de canais internos para essas redes sociais (os grupos fechados em redes sociais externas, os *chats* privados para a comunicação entre pessoas dentro de um mesmo grupo de trabalho ou *squad*); a intensificação do uso de vídeos e de *podcasts*; os *chatbots* para atendimento aos colaboradores; e, finalmente, a identificação de influenciadores internos — já é uma realidade no Endomarketing.

Para dar sustentação a tudo isso, temos o mais importante, que é a segmentação da informação, a produção interativa e a criação de conteúdo em tempo real. Afinal, a informação continua sendo o produto da Comunicação Interna. Sem ela, podemos ter os melhores canais e os mais criativos instrumentos sem que os resultados, em nível de engajamento, aconteçam.

Mesmo com todas as mudanças, que prefiro classificar como um processo de evolução, a forma como vejo a Comunicação Interna e o Endomarketing continua a mesma.

Comunicação Interna vs. Endomarketing

Para mim, a Comunicação Interna é um conjunto de canais, incluindo o líder, capazes de fazer os colaboradores terem uma visão comum sobre os desafios, os objetivos, as estratégias, os programas, os projetos, os processos e os resultados de uma empresa.

Com relação ao Endomarketing, a minha visão sempre foi mais ampla. O Endomarketing vai muito além de trabalhar a imagem da marca para dentro, embora eu acredite que tudo possa começar com esse esforço. Vejo o Endomarketing como uma estratégia de gestão, ou seja, como um conjunto de esforços de informação e de integração, reais ou digitais, capazes de alinhar o pensamento e o comportamento dos colaboradores à estratégia da empresa. Isso significa fazê-los conhecer, assimilar, engajar-se e praticar aquilo que a empresa propõe com base nos resultados que deseja atingir.

Em resumo, vejo o Endomarketing como um conjunto de ferramentas a serem utilizadas por uma empresa para fazer seu público interno ter o comportamento que ela deseja.

Entendo que qualquer informação possa ser repassada pela empresa para o seu público interno com recursos e estratégias de marketing e, com isso, produzir maiores resultados em nível de engajamento. Um exemplo: por lei, empregados têm que registrar o ponto nos horários de entrada e saída. Contudo, muitas vezes, as empresas precisam lembrá-los disso, o que poderia ser dito apenas como "a lei exige que vocês batam o ponto".

Pois essa mesma mensagem, com recursos de marketing, pode ser entregue ao público interno por meio de uma campanha com peças que digam "é hora de bater o ponto no futebol do filho", "é hora de bater o ponto no cinema com as amigas" e "é hora de bater o ponto na festa da família". Nessas peças, a mensagem final seria "registre seu ponto na entrada e na saída. Mais que uma responsabilidade, um compromisso com a nossa qualidade de vida". Essas peças seriam ilustradas com fotos coloridas, representando os momentos citados. O que quero mostrar, com esse exemplo, é que existem formas de a empresa

DIZER O QUE PRECISA SER DITO, PORÉM DE UM JEITO EMOCIONAL, INSPIRADOR E ENGAJADOR, FAZENDO OS COLABORADORES SE SENTIREM RESPEITADOS COMO SERES HUMANOS.

Dentro do Endomarketing, existem ainda duas estratégias bastante importantes e utilizadas atualmente, que são incentivar os colaboradores a serem os primeiros a consumir os produtos/serviços da empresa, e os colocar como porta-vozes da empresa em campanhas externas. Essa última beneficiou, por exemplo, as empresas envolvidas em escândalos de corrupção nos últimos anos no nosso país. Algumas delas utilizaram seus colaboradores como protagonistas de campanhas externas, ou seja, como agentes de reputação.

Obviamente, tanto os esforços de Comunicação Interna quanto os de Endomarketing devem ter como resultado final a motivação e o engajamento das pessoas, assim como um ambiente confortável e feliz para que elas possam exercer as suas atividades com mais qualidade e produtividade. Essa foi a crença que determinou o propósito da Happy: "Empresas mais transparentes. Pessoas mais felizes".

Mas para que os resultados em nível de motivação e de engajamento sejam alcançados e para que as pessoas sejam realmente mais felizes no ambiente de trabalho, acredito que é preciso conhecer as técnicas e estratégias de Endomarketing mais recentes, sem deixar de rever aquelas que, apesar de não tão modernas, continuam cumprindo com os seus objetivos.

Para compreender e se adequar às mudanças do Endomarketing, é preciso entender os conceitos que definem o seu estado mais moderno, que não são apenas tecnológicos. Muitas das mudanças são decorrentes das transformações pelas quais as empresas estão passando tanto na sua forma de pensar quanto de operar.

Percebo que a transformação digital está alterando profundamente as relações entre as empresas e os seus empregados. Isso começa pela crescente importância dada ao colaborador e às experiências proporcionadas a ele, prezando não apenas pela personalização, como prevê o marketing, mas também pela humanização.

Mindset e tecnologia

Assim, para pensar o Endomarketing na era digital, é preciso levar em consideração suas duas vertentes:

- em primeiro lugar, a mudança na forma de pensar e agir que as empresas estão propondo aos seus colaboradores; e

- em segundo lugar, o uso da tecnologia em benefício do relacionamento entre a empresa e o colaborador.

Para abordar a primeira, é necessário reconhecer que o comportamento corporativo mudou totalmente, ao ponto de a pessoa não se sentir constrangida por estar trocando mensagens de WhatsApp com amigos durante o horário de trabalho.

Até pouco tempo, eu dizia que gostaria de ter uma caixa na recepção da Happy para que as pessoas da nossa equipe depositassem seus celulares antes de começarem a trabalhar e, assim, produzissem mais ao longo do dia. Mas, rapidamente, "deletei" essa intenção, porque o WhatsApp deixou de ser um canal de comunicação pessoal para ser usado, também, na interação com clientes e fornecedores. Da mesma forma, é um canal que migrou para dentro do computador, facilitando a visualização e a resposta. Mas o principal motivo para eu ter "deletado" essa ideia foi a consciência de que as pessoas iriam embora caso eu fizesse essa exigência.

Outra evidência da mudança de comportamento no ambiente corporativo é o fato de que, quanto mais as pessoas estiverem nas redes sociais contando sobre as suas vidas e expondo suas ideias e opiniões, mais esperarão transparência por parte das empresas nas quais trabalham.

As empresas, por sua vez, passaram a propor que as pessoas mudassem o seu modo de pensar e agir, sendo mais simples, ágeis, colaborativas, empreendedoras, experimentais, visionárias e sistêmicas, além de outras características que definem o profissional dos novos tempos.

É UMA TRANSFORMAÇÃO PESSOAL, E NÃO APENAS DIGITAL.

A TECNOLOGIA É APENAS UM MEIO SUSTENTANDO E TRADUZINDO ESSES NOVOS COMPORTAMENTOS.

Para praticar o Endomarketing na era digital, é preciso entender a mudança de pensamento e comportamento que as empresas estão incentivando e cobrando dos seus colaboradores, principalmente por levarem em consideração que, hoje, não existe mais público interno, nem Comunicação Interna. Mais do que isso, é preciso trabalhar conteúdos qualificados que, além de informativos, sejam extremamente engajadores.

Dentro desse contexto, a *newsletter* diária, semanal ou quinzenal, ganhou força, concentrando num único veículo a informação que realmente precisa chegar ao público interno. Isso substituiu a quantidade de *e-mails* antes praticada. Ao usar o termo "realmente", quero me referir ao fato de que, quando as empresas enchiam a caixa de *e-mails* dos colaboradores com informativos diversos, muitos sem a menor necessidade, o índice de interesse e de leitura era extremamente baixo. Ao resumir apenas o que interessa em seis ou oito notícias semanais, as empresas têm conseguido um índice de leitura e assimilação muito maior por parte das pessoas.

É importante lembrar que, neste momento, mesmo informalmente, o público interno assumiu o papel de porta-voz do seu empregador e isso tanto pode ser tanto positivo quanto negativo, dependendo da forma como a empresa lida com a questão e da qualidade do conteúdo a que o colaborador tem acesso — e que, portanto, irá utilizar para fazer suas publicações.

Colaboradores como influenciadores

O pensamento digital assumido tanto pelas empresas quanto pelas pessoas incentivou o elemento humano a valorizar muito mais a conexão, a interface e as experiências vividas no ambiente de trabalho. E as empresas, por sua vez, estão se esforçando para proporcionar tudo isso, sob pena de não serem percebidas como um bom lugar para as pessoas trabalharem, o que é amplamente valorizado pelo mercado nos dias de hoje.

Além disso, a tendência é de que as empresas invistam na interatividade para criar canais, campanhas, instrumentos e ações de Endomarketing como forma de conquistar um maior nível de engajamento. A inserção de imagens em movimento, *quiz*, infográficos e demais recursos enriquece a experiência de quem está lendo e oferece mais motivos para que a pessoa consuma o conteúdo até o final.

Os esforços interativos, além de aprimorar a Jornada do Colaborador dentro da empresa e o impulsionar para o autodesenvolvimento, podem, ainda, possibilitar a extração de dados valiosos sobre o público interno, que servirão para a adequação daquilo que já vem sendo feito em nível de Endomarketing, assim como para embasar novas iniciativas.

Ao unir os dois pontos que, no Endomarketing, estão se conectando numa proporção que não imaginávamos, temos: o pensamento digital (que não significa apenas tecnologia, mas, principalmente, pensar e agir de forma empreendedora, rápida, transparente, colaborativa etc.); e as ferramentas digitais (que são os recursos disponíveis e que até pouco tempo atrás eram usados apenas no marketing externo). Isso vale uma reflexão sobre qual recurso é mais desejado atualmente em nível de comunicação.

O recurso mais desejado

Com base nas observações, tenho dito que o recurso mais desejado pelas organizações neste momento, tanto na comunicação externa quanto na interna, é a atenção das pessoas.

Portanto, se a empresa utilizar uma linguagem verbal e visual criativa, e colocá-la em mídias que todos reconheçam, apreciem e acessem com facilidade, terá a tão desejada atenção do seu público interno para o conteúdo corporativo.

Neste capítulo, considero importante trazer alguns dos benefícios que a evolução tecnológica vem representando para o Endomarketing:

- **Ficou mais fácil informar o colaborador**, onde quer que ele esteja, especialmente aquele que se encontra em movimento. Isso passou a acontecer por meio dos canais digitais disponíveis em diversas plataformas. Em nível de Comunicação Interna, toda empresa tem um "ponto cego", ou seja, um segmento de público interno que ela não consegue atingir com a intensidade desejada. Entretanto, hoje, existem recursos digitais para resolver essa questão.

- **Ficou mais fácil comunicar em tempo real**, pois existem canais como intranet, rede social interna, aplicativo interno, circuito interno de TV e outros, cujos sistemas permitem que a informação seja digitalizada e ilustrada com imagens rapidamente ou disponibilizada pelos recursos de áudio, vídeo e *live*, viabilizando a publicação imediata.

- **Ficou mais fácil criar campanhas e instrumentos de Endomarketing**, porque a internet dispõe de muitas referências e exemplos, embora a criatividade e a capacidade de adaptação à realidade da empresa e ao segmento no qual ela atua ainda sejam fatores decisivos. Além disso, as empresas passaram a aceitar, incentivar e até mesmo exigir uma linguagem mais leve, informal e semelhante à que as pessoas encontram nas redes sociais.

- **Ficou mais fácil produzir um comunicado**, porque o conteúdo passou a ser mais valorizado do que a forma. Exemplo: um vídeo do presidente da empresa comunicando algo pode ser gravado de um celular e disponibilizado para todos via e-mail e WhatsApp sem precisar ser editado.

O Google publicou, recentemente, que 4 em 5 usuários de internet apontam vídeos como fontes de informação, sendo que 70% das pessoas se sentem motivadas após assistir a um conteúdo informativo em vídeo. Isso coloca o conteúdo em vídeo, especialmente quando é protagonizado pelo presidente ou por algum diretor da empresa, como um recurso que tem potencial para ser cada vez mais utilizado na comunicação com o público interno.

- **Ficou mais fácil entregar conteúdos maiores**, utilizando o recurso do QR *Code* tanto em peças reais quanto virtuais. A peça repassa a informação mais importante, e quem deseja se aprofundar no assunto poderá acessá-lo via QR *Code*.

- **Ficou mais fácil promover a interação e o aprendizado**, utilizando o *game* como ferramenta que promove e, ao mesmo tempo, testa a assimilação da informação — afinal, o Endomarketing é um processo educativo. As empresas estão sempre educando as pessoas para o que desejam e o *game* pode ser uma poderosa ferramenta de descoberta e aprendizado.

- **Ficou mais fácil integrar pessoas** em empresas que possuem muitas unidades espalhadas por diversos estados e/ou países, utilizando as redes sociais internas e promovendo, por meio delas, atividades participativas, *games* e outras interações.

- **Ficou mais fácil apresentar a empresa** e a sua dimensão em processos de *onboarding*, utilizando, por exemplo, ferramentas de realidade aumentada por meio das quais o novo colaborador pode conhecer a empresa, seus negócios e suas unidades sem sair do mesmo lugar.

- **Ficou mais fácil reconhecer** colaboradores por meio de sites nos quais eles têm a oportunidade de escolher seu prêmio, assim como podem ser criadas formas mais simples de distinguir as pessoas.

- **Ficou mais fácil transformar colaboradores em vendedores**, criando aplicativos nos quais as pessoas, independente de cargo ou função, sejam incentivadas a sugerir/indicar possíveis compradores e até mesmo vender os produtos/serviços da empresa, sendo remuneradas por isso.

- **Ficou mais fácil economizar**, pois os canais que veiculam a informação digitalizada intercalada por peças de Endomarketing como, por exemplo, a intranet, os aplicativos internos e os sistemas de TV interna, exigem tanto a criação e a revisão de textos quanto a criação e a finalização de peças, porém sem o esforço e o custo de produção. Muitas empresas já deixaram de realizar campanhas por causa do custo de produção, sendo que hoje podem ser utilizadas apenas peças digitais.

Fazendo uma *live* ou assistindo a uma *live*?

A *live streaming* (hoje muito empregada por presidentes e diretores de empresas que se sentem à vontade para fazer transmissões ao vivo e compartilhar experiências, expectativas e planos) pode ficar disponibilizada após o seu encerramento. O importante, neste caso, é o quanto o colaborador se sente privilegiado por estar acompanhando o momento da sua realização. Além disso, existe o fator transparência, que se torna evidente numa *live* pela impossibilidade de edição.

A questão é que muitos líderes percebem o potencial da *live*, mas não sabem exatamente que tipo de conteúdo deve ser repassado por meio dela. A dúvida é pertinente e importante, já que a realização de uma transmissão desinteressante pode surtir o efeito contrário e acabar afastando o público interno em oportunidades futuras.

Dentro do ambiente corporativo, as *lives* podem ser usadas, por exemplo, para apresentar novos produtos/serviços, criando expectativa e interesse no colaborador, especialmente se ele tiver acesso a essa informação antes do mercado consumidor.

A SENSAÇÃO DE SER O PRIMEIRO A CONHECER PODE SER UM GATILHO IMPORTANTE PARA A VALORIZAÇÃO DO PRODUTO/SERVIÇO PELO PÚBLICO INTERNO.

Outro tipo de conteúdo corporativo que se adequa perfeitamente à *live* é a transmissão de eventos dos quais nem todos os colaboradores têm a oportunidade de participar.

A *live* pode ser utilizada, também, para apresentar os bastidores de um projeto em andamento, anunciar conquistas ou simplesmente dialogar com o público interno. O importante é que a linguagem utilizada seja adequada e que o realizador tenha habilidade para a comunicação verbal.

A evolução continua

Além dessas facilidades trazidas pelo avanço da tecnologia, existem muitas outras que poderiam ser citadas. É verdade, também, que continuaremos sendo surpreendidos com recursos ainda desconhecidos.

Os clientes da Happy têm demandado, por exemplo, a criação de *chatbots* — o *software* que conversa e interage com seres humanos por meio de mensagens de texto com o qual todos, em algum momento, já tivemos a oportunidade de interagir.

Essa ferramenta se tornou uma boa solução para as áreas de Recursos Humanos que, na sua maioria, são sobrecarregadas com perguntas dos colaboradores em relação a programas, projetos e processos relacionados com pessoas.

Embora os *chatbots* não sejam exatamente humanizados, eles podem ser programados para soar exatamente como um atendente real, com a vantagem de ser infinitamente mais ágil e disponível 24 horas por dia, sete dias por semana.

A partir do momento em que as áreas de Recursos Humanos passam a utilizar os *chatbots*, elas conseguem atender, com respostas, a um maior número de pessoas e com mais eficiência. Por aprenderem continuamente com a interação dos usuários, esses robôs trabalham em um processo de ininterrupta otimização, gerando experiências mais ricas para os seus consumidores e resultados cada vez melhores para as empresas.

Aqui, estamos citando o exemplo do uso dos *chatbots* nas áreas de Recursos Humanos, porém muitas outras áreas corporativas e projetos específicos podem se beneficiar desse recurso.

Novas estratégias para um novo público interno

Mas você deve estar se perguntando: será que o colaborador quer ser atendido por um robô? E por que não? Primeiro, isso já não é novidade para as pessoas, ainda mais para um público interno que, hoje, é formado, na sua maioria, por *millennials*. Segundo, porque, se o robô for rápido e entregar uma resposta direta e transparente, com certeza as pessoas se sentirão satisfeitas.

É inegável que o Endomarketing está caminhando lado a lado com o desenvolvimento tecnológico e se beneficiando dele. Neste cenário, temos que levar em consideração que, nos últimos dois anos, houve um grande avanço na busca por voz, recurso que vem sendo aperfeiçoado e que pode ser usado também na relação empresa/empregado.

A criação de conteúdos em áudio é uma tendência que se mostrou forte no ano de 2019 em nível de marketing externo e já começou a ser utilizada também no Endomarketing, devendo ser cada vez mais relevante.

Assim, o diferencial desse tipo de conteúdo é ter o consumo facilitado mesmo em situações cotidianas ou rotinas corridas, o que também facilita a entrega da informação corporativa para profissionais em movimento. Para isso, não há sinal de desaceleração. Ao contrário, tudo indica que se consolidará como uma ferramenta, inclusive, de treinamento com conteúdos narrados, facilitando e valorizando a experiência do aprendizado. Estudos mostram que 60% das pessoas consome conteúdo quando está em movimento, ou seja, deslocando-se para algum lugar, em atividade física ou no seu cotidiano, o que confirma a evolução dos áudios.

Resumindo, o que se percebe é

UMA ABERTURA MUITO GRANDE DAS PESSOAS PARA INTERAÇÕES POR MEIO DA TECNOLOGIA.

Costumo dizer que, quando o conteúdo é bom, a ferramenta é aceita rapidamente.

Portanto, é preciso se manter atento às ferramentas com potencial para se trabalhar conteúdos que realmente interessem ao público interno e que, por meio da tecnologia, possam ser apresentados de forma mais completa. Aqui, é importante destacar a realidade aumentada, cada vez mais acessível e difundida, disponível até em ferramentas como os *stories* do Instagram.

O crescimento dessa acessibilidade torna a realidade aumentada um recurso interessante para o Endomarketing. Hoje, já existem empresas que, nos seus processos de integração de novos colaboradores, disponibilizam *tours* pelos seus diferentes negócios e unidades.

As redes sociais internas

Quanto às redes sociais internas, quero contar sobre a nossa experiência na Happy, que começou há algum tempo e que tem se mostrado muito eficiente com a utilização do Workplace, plataforma corporativa do Facebook, empresa da qual nossa agência é parceira.

Escolhemos o Workplace por ter os recursos que desejávamos, mas, principalmente, por ser muito semelhante ao Facebook, o que facilita a adesão e a participação das pessoas.

Implantamos a nossa rede social com três objetivos específicos que vêm sendo cumpridos:

- primeiro, para que a diretoria mantenha os colaboradores informados sobre decisões e fatos que envolvem a todos;

- segundo, para a troca de referências relacionadas com os serviços que prestamos; e

- terceiro, para promover a integração e a interação permanente entre as pessoas.

Quando um de nós está viajando para visitar clientes, por exemplo, pode contar, em tempo real, aquilo que está vivendo.

Além disso, ao sair de uma reunião, pode relatar a reação do cliente diante do trabalho apresentado aos envolvidos. Muitas vezes, gravo um vídeo dentro do táxi ou do Uber, contando a experiência recém-vivida no cliente antes de chegar ao aeroporto. Isso me poupa o tempo que usaria, no dia seguinte, reunindo as pessoas ou enviando um e-mail.

Na Happy, um planejamento ou campanha é sempre resultado do trabalho de várias pessoas e, como os nossos clientes estão em diferentes estados e até países, são, no máximo, duas pessoas que realizam reuniões presenciais para apresentação. As pessoas que não participam da apresentação ficam na expectativa pelo resultado. Por isso, é muito bom quando conseguimos compartilhar rapidamente o impacto gerado por um trabalho. E, quando se faz isso logo após a reunião, o relato sempre acontece com mais detalhes e emoção.

Obviamente, muitas dessas apresentações acontecem por vídeo chamada para minimizar custos, mas a Happy ainda é uma agência que prioriza as apresentações presenciais, por entender a importância do contato pessoal fornecedor/cliente. Durante a pandemia Covid-19, obviamente, tivemos que abrir mão do presencial e intensificar o digital.

A verdade é que fui, por muito tempo, contra redes sociais internas, inclusive não as indicando aos nossos clientes, pois acreditava que as empresas ainda não tinham maturidade para lidar com um nível tão alto de democratização da informação, uma vez que, nelas, os colaboradores atuam como publicadores.

Além disso, desde que o mercado começou a falar sobre isso, pouco se sabia sobre resultados efetivos. O que se intuía era que as pessoas não trocariam as redes sociais externas pelas internas. Portanto, o tempo de que dispunham para estar na internet seria dedicado às interações externas.

A partir do momento em que as empresas começaram a sua transformação digital, o ambiente se tornou propício para plataformas de conectividade corporativa que, por sua vez, começaram a trazer benefícios não apenas em nível de informação, mas também de integração e colaboração.

Existem várias plataformas com esse objetivo no mercado, porém escolhi exemplificar com a Workplace, pois a Happy é parceira do Facebook na sua implantação dentro das empresas, ou seja, somos especialistas nessa plataforma.

Com a chegada do Workplace, que se traduz exatamente como uma plataforma de conectividade corporativa, as empresas se depararam com uma ferramenta dotada de todos os recursos necessários para engajar as pessoas. Tanto que, hoje, existem empresas tomando a decisão de concentrar toda a sua Comunicação Interna (canais, campanhas e ações) no Workplace, e estão trabalhando para isso.

Existem muitos benefícios com os quais as empresas podem contar no caso de adquirirem o Workplace, inclusive para a gestão do conhecimento que pode ser feita de uma forma mais acessível e moderna.

Por meio de uma plataforma como o Workplace, as pessoas irão interagir umas com as outras, compartilhando informações diversas e tendo acesso ao conteúdo oficial postado pela empresa. Diante disso, o que temos percebido é a diminuição do interesse pela intranet (canal pouco reconhecido) e um menor uso do e-mail para comunicados, pois estes podem estar num espaço reservado para informações oficiais da empresa.

É claro que não basta a empresa adquirir a ferramenta e convidar os colaboradores a participarem. É preciso um planejamento da arquitetura da informação que será colocada dentro do sistema, o que fará o conteúdo chegar a todos de forma organizada e engajadora.

A presença da diretoria

Outro fator muito importante para uma rede social interna ter credibilidade é a adesão e a participação efetiva da direção da empresa ao postar de forma sistemática e fazer dela um canal para informar, integrar, reconhecer, celebrar e compartilhar histórias e experiências do seu dia a dia na gestão da empresa. No caso da rede social interna da Happy, é dessa forma que procuro me comportar.

Além das inúmeras vantagens, uma plataforma de conectividade corporativa também gera conteúdo para as postagens da empresa nas suas páginas externas. Empresas grandes, com várias unidades, possuem dificuldade de acompanhar tudo que acontece nelas e que poderia servir para trabalhar a sua imagem nas redes sociais. À medida que os colaboradores postam, a empresa pode fazer uma curadoria de conteúdo e encontrar informações importantes para a projeção da sua imagem no mercado.

ESSA RELAÇÃO ENTRE O INTERNO E O EXTERNO REPRESENTA O VERDADEIRO ENDOMARKETING, QUANDO O MOVIMENTO ACONTECE DE DENTRO PARA FORA, BENEFICIANDO A MARCA.

Mas sabemos que nem tudo é tecnologia e que, em primeiro lugar, a empresa precisa estar vestida com a sua marca e os elementos da sua cultura. Se a empresa fizer somente isso, ou seja, colocar a sua marca e os elementos da sua cultura em evidência, já estará utilizando o Endomarketing em seu benefício.

Entretanto, é indiscutível que a evolução digital trouxe outra realidade para o Endomarketing, que não podemos deixar de reconhecer e utilizar em favor de uma comunicação mais rápida e transparente.

Costumo dizer que quem trabalha com Endomarketing não pode reclamar de tédio, pois as empresas estão cada vez mais digitais e, consequentemente, mais exigentes.

O mercado, por sua vez, não para de produzir ferramentas que, se estudadas e aplicadas na comunicação com o público interno, podem potencializar grandes resultados em nível de engajamento.

Por que engajamento? Porque

DO QUE AS EMPRESAS PRECISAM, HOJE, É MUITO MAIS QUE MOTIVAÇÃO.

As empresas precisam de colaboradores racional e emocionalmente engajados a tudo que ela propõe. Mais do que isso, as empresas precisam de pessoas que atuem como protagonistas do seu desenvolvimento e intraempreendedoras nos processos de inovação.

4.
A EXPERIÊNCIA QUE CONECTA

Neste livro, estou tomando como base todo o ciclo de vida do colaborador dentro de uma empresa e as experiências que lhes podem ser proporcionadas ao longo desse tempo.

Na Happy, tenho uma equipe que admiro e quero muito bem. A minha tendência é sempre buscar uma ou mais características positivas que me permitam criar a afeição de que preciso para gostar de conviver com as pessoas no ambiente de trabalho.

Nos primeiros três ou cinco anos à frente da agência, sempre que alguém pedia demissão, eu ficava extremamente triste e magoada. O meu sentimento era de rejeição, o que durava algum tempo. Isso era algo recorrente, já que é comum o publicitário em início de carreira trocar de agência de tempos em tempos na ânsia de trabalhar para diferentes marcas e, com isso, construir e melhorar o seu portfólio, por meio do qual será escolhido pelo seu próximo empregador.

Aos poucos, convivendo com esse perfil de público interno, tive que assimilar que os ditados "nada é para sempre" e "nada resiste ao tempo" são uma verdade no meio publicitário. Na relação com o cliente, podemos agregar ainda um outro ditado, que diz: "toda relação tem um desgaste natural", o que torna raro uma conta permanecer numa agência por mais de 5 anos. Esse não é o nosso caso, o que, para mim, é motivo de orgulho. Na Happy, temos contas que já estão conosco há 8, 10 e 12 anos. Nosso primeiro cliente, por exemplo, está há 20 anos aqui. São os clientes que nos fazem crescer por meio do esforço dispendido para acompanhá-los.

Outro problema enfrentado com o nosso público interno que me fez sofrer muito foi o seguinte: nos primeiros anos da Happy, os publicitários não viam valor em trabalhar para uma agência focada apenas na comunicação das empresas com os seus empregados. Para eles, o Endomarketing era algo menor e a maioria dos profissionais que aceitavam trabalhar conosco o fazia por não encontrar, naquele momento, outra opção.

Hoje, vivemos uma realidade totalmente diferente. O *turnover*, quando acontece na Happy, geralmente é porque o profissional decidiu mudar de profissão, precisa ganhar mais e não temos condições de cobrir a proposta ou está indo morar no exterior. Dificilmente alguém sai da Happy porque não gosta de trabalhar nela, embora existam exceções.

Contudo, vivemos também uma realidade que considero muito interessante: 50% das pessoas que deixam a agência por vontade própria, em pouco tempo nos procuram novamente, querendo retornar.

A percepção do mercado do RS, no qual estamos localizados, é de que a Happy é "uma boa empresa para se trabalhar", decorrente da forma como tratamos as pessoas e, principalmente, das experiências que proporcionamos e que divulgamos nas redes sociais. Afinal, somos uma agência de Endomarketing e temos que acreditar naquilo que indicamos aos clientes.

Os nossos colaboradores, por sua vez, se comportam como influenciadores, divulgando as experiências vividas no ambiente Happy em suas redes sociais. E, como a rede de amigos das pessoas que já trabalharam, trabalham e gostariam de trabalhar na Happy é enorme, os *posts* fortalecem a nossa imagem de marca empregadora.

Hoje, a Happy é uma referência para profissionais de comunicação no mercado do RS. De agência na qual ninguém queria trabalhar, por ser especializada em Endomarketing, passamos a ser uma das mais desejadas.

Isso tudo me faz acreditar que,

SE AS EMPRESAS SE DEDICAREM A PROMOVER EXPERIÊNCIAS POSITIVAS, TERÃO MUITO MAIS FACILIDADE PARA ATRAIR, SELECIONAR E MANTER OS TALENTOS QUE DESEJAM,

além de gerarem uma divulgação permanente da sua marca enquanto empregadora.

Quando o interno e o externo se encontram

No nosso caso, como somos uma agência de Endomarketing, os resultados são tanto internos quanto externos, pois, ao comentarem sobre o ambiente no qual trabalham, nossos colaboradores estão contribuindo, também, para que as empresas acreditem nos nossos serviços e queiram ser nossas clientes.

Esse, para mim, é o verdadeiro Endomarketing: quando uma empresa faz algo interno que, de tão positivo, acaba sendo projetado para o mercado e trazendo resultados para a marca em todos os níveis.

No ano 2000, quando ainda não se falava em proposta de valor para o colaborador, me vi obrigada a criá-la, mesmo que, intuitivamente, estivesse fazendo isso para atrair os profissionais que desejava.

Então, na hora de convencer uma pessoa a fazer parte da nossa equipe, eu dizia que ela teria a oportunidade de trabalhar para grandes marcas nacionais e, ao mesmo tempo, se desenvolver em uma disciplina que possuía (e ainda possui) poucos especialistas no mercado. Hoje, trago outros argumentos, como trabalhar para uma agência sólida, com 20 anos de experiência, conhecida e reconhecida no mercado, com clientes nacionais e internacionais e um alto nível de especialização em Endomarketing.

A busca por uma proposta de valor

Penso que a proposta de valor ao colaborador pode ser construída com base nas oportunidades que um negócio proporciona em nível tanto de desenvolvimento quanto de benefícios e incentivos. Isso depende do segmento em que a empresa atua, da sua posição no mercado e, principalmente, daquilo que representa o desejo do perfil de talento que ela procura atrair e reter.

Vale lembrar que a proposta de valor não serve apenas para atrair, mas, principalmente, para reter o talento. Portanto, precisa ser trabalhada em nível de comunicação o tempo todo, sempre colocando o colaborador como protagonista da sua carreira.

A conexão do público interno com tudo aquilo que a empresa proporciona a ele tem que ser permanente, pois é comum o elemento humano se acostumar com aquilo que recebe e deixar de dar valor.

O marketing de benefícios e incentivos

Por isso, acredito que o marketing de benefícios e incentivos deve acontecer de forma permanente, podendo a empresa eleger um benefício e/ou um incentivo para ser evidenciado e reforçado a cada mês. Assim, o colaborador será constantemente lembrado daquilo que a empresa proporciona a ele e, por consequência, à sua família.

Essa comunicação pode e deve acontecer por meio de experiências. Quando me refiro à experiência, não estou contemplando apenas ações que representem degustações, experimentos ou vivências.

A EXPERIÊNCIA PODE ESTAR NA VIDA DO COLABORADOR E SER CONTADA POR MEIO DE DEPOIMENTOS,

situações em que podem ser usados todos os recursos visuais disponíveis.

Sabemos que o cérebro é metafórico e que o aprendizado é gerado de forma mais intensa quando encorajado por meio de histórias. Da mesma forma, sabemos que a comunicação, além de ser um fator determinante para a existência de qualquer organização, somente existe por causa do ser humano. Somos nós que damos sentido e colorido aos sons que transformamos em palavras, e, por meio de histórias, vamos nos aproximando das pessoas e estabelecendo vínculos e relacionamentos.

A força do *storytelling*

Experimente construir um conteúdo e postá-lo duas vezes na sua página de uma rede social, sendo a primeira de forma neutra e, a segunda, no formato de uma história. Com certeza, o post que conta uma história terá muito mais *likes* que o neutro.

Quando realizo palestras, sempre começo contando uma história da minha vida, ou seja, falando de mim, pois isso me aproxima do público e o torna mais disponível para aceitar a abordagem técnica que darei aos tópicos da minha apresentação.

Assim é o público interno. Por isso, especialmente na etapa de retenção do colaborador, a conexão estabelecida por meio de histórias ganha muita força.

A verdade é que o *storytelling*, na comunicação com o público interno, entra como

UM ELEMENTO QUE PODE CONTRIBUIR PARA DISSEMINAR E REFORÇAR A CULTURA,

além de convencer os colaboradores de uma ideia ou até mesmo vender programas, projetos ou processos.

Quando a narrativa vem do próprio colaborador, a identificação acontece de forma muito mais rápida e espontânea, pois é mais fácil a pessoa se conectar com o que o colega está dizendo do que com a empresa.

Por isso, tanto os benefícios quanto os incentivos serão mais valorizados quando comunicados a partir da experiência daqueles que já foram impactados por eles.

5.
O ENDOMARKETING EM CADA ETAPA DA JORNADA DO COLABORADOR

Jornada nada mais é do que um trajeto percorrido por algum motivo. Entretanto, na linguagem coloquial, pouco se associa essa palavra a uma caminhada ou uma viagem. Normalmente, usamos o termo para representar algo pelo que precisamos passar, ou seja, algo a ser vivenciado para chegar a determinado estágio ou lugar, um processo composto por etapas.

Essa é, portanto, uma palavra que tem muito a ver com carreira, com tudo aquilo que é proporcionado pela empresa neste sentido, mas, principalmente, com o caminho profissional que uma pessoa se propõe a seguir. Afinal, foi-se o tempo em que as organizações definiam as carreiras dos seus empregados.

Hoje, quando abordamos esse assunto, temos, diante de nós, dois elementos: a empresa e o indivíduo, sendo o último o mais importante, já que é um processo que exige protagonismo.

As empresas, de uma forma geral, têm trabalhado muito o conceito de protagonismo quando se referem às oportunidades de desenvolvimento oferecidas aos seus colaboradores.

Quem acompanhou o LinkedIn nos últimos anos, pôde observar um mercado de trabalho em constante mudança e evolução, o que trouxe muitas opções de carreiras e novas funções.

A atração de talentos

O desafio do profissional começa na escolha de uma empresa para construir a carreira e, nesse sentido, é preciso admitir que as empresas já entenderam a necessidade de se venderem, sendo que algumas o fazem por meio das suas páginas institucionais e, outras, por páginas de carreira nas quais trabalham um conteúdo específico para atrair talentos, além de contarem com seus colaboradores como influenciadores.

O recrutamento e a seleção de talentos

A partir daí, o profissional passa a participar de processos de seleção, muitos ainda sem argumentos de venda, ou seja, com a utilização de abordagens antigas que não estabelecem nenhuma conexão com a pessoa que está sendo selecionada. Nos dias de hoje, selecionado ou não, é importante que o profissional fique com uma boa imagem da empresa.

Recentemente, deparei-me com uma pergunta num *story* de Instagram que encorajava as pessoas a deixarem ali o seu depoimento sobre qual havia sido a sua pior experiência como candidato a uma vaga. Abaixo, transcrevo algumas respostas que exemplificam não só o que chamo de abordagens antigas, mas também uma total falta de respeito pelo elemento humano que está em busca de uma oportunidade. Esses são apenas alguns dos muitos depoimentos postados.

- "A entrevista durou apenas 10 minutos, período em que o recrutador olhou para o relógio diversas vezes".

- "O recrutador perguntou se eu tinha filhos ou pretendia ter. Quando respondi que sim, encerrou a entrevista imediatamente".

- "A empresa pediu que eu construísse um PPT relatando a minha vida e o apresentasse em três minutos".

- "Fui entrevistada no dia 24 de dezembro e nunca recebi um retorno da empresa".

- "Quando estacionei, ouvi do manobrista: se não estiver desesperada, fuja dessa empresa".

- "A entrevista estava agendada para as 9h e fui atendida às 15h sem ter recebido nenhuma explicação para isso".

- "O recrutador me disse que onde eu estava era melhor do que na empresa onde estava sendo entrevistada".

- "O recrutador olhou para o celular durante toda a entrevista, não prestando atenção no que eu falava".

- "A entrevista foi *on-line* e o recrutador interrompeu nossa conversa o tempo todo para falar com outras pessoas".

- "O gestor falou mal da empresa durante toda a entrevista".

- "O recrutador se referiu à empresa na qual eu estava trabalhando de forma negativa".

- "Durante a entrevista, ouvi mais sobre aspectos negativos da empresa do que positivos".

- "O recrutador chegou atrasado, falou por 15 minutos, não me ouviu e disse que precisava sair, pedindo que eu voltasse em outro dia".

- "Durante a entrevista, o diretor manteve a porta da sala aberta e cumprimentou todas as pessoas que passaram".

- "Fui entrevistado no meio do escritório, ao lado das pessoas que estavam trabalhando, com todos ouvindo, sem nenhuma privacidade".

- "O recrutador disse que a empresa só contratava vencedores e não fui escolhida. Isso fez muito mal para a minha autoestima".

- "Pediram para que eu falasse mal da última empresa na qual trabalhei".

- "Informei em qual faculdade estudava e o recrutador me disse que somente contratavam pessoas que vinham de faculdades de primeira linha".

- "O recrutador bocejou o tempo todo enquanto me entrevistava".

- "O recrutador disse que precisava resolver algo, saiu da sala e esqueceu que havia me deixado lá. O escritório fechou e eu tive que ligar para a portaria do prédio para ser resgatada".

Esses depoimentos demonstram ainda haver empresas que desconhecem a importância desse momento na vida de um profissional que, até então, tinha a expectativa de construir uma carreira lá.

A seleção se caracteriza, muitas vezes, por ser um processo exaustivo e extremamente tenso para quem aguarda por uma resposta que pode mudar a sua vida. Mesmo assim, pode-se dizer que muitas empresas ainda deixam o candidato sem uma resposta, o que estende ainda mais esse período de tensão.

Existem instrumentos que podem ser criados e utilizados para tornar a etapa de seleção uma experiência positiva? Com certeza. Porém, antes de abordá-los, quero lembrar que Endomarketing é, antes de tudo, uma questão de atitude. Muito do Endomarketing está na forma como a empresa trata as pessoas desde o seu primeiro contato com ela.

Nesse sentido, orgulho-me de muitas vezes encontrar pessoas que me dizem:

"PARTICIPEI DE UM PROCESSO DE SELEÇÃO NA HAPPY E ME APAIXONEI PELA AGÊNCIA. AINDA SONHO EM TRABALHAR LÁ".

Nos primeiros anos da agência, o processo de seleção na Happy era conduzido por mim, desde a primeira entrevista. Na época, tínhamos uma recepcionista que sofria do que costumo chamar de "excesso de engajamento", o que significa engajamento emocional num nível tão alto que chega a atrapalhar. Enquanto o candidato esperava pela entrevista, sentado no sofá vermelho da nossa recepção, ela o observava e, antes de conduzi-lo até a minha sala, sentia-se no direito e na obrigação de me ligar, dando a sua opinião. Muitas vezes, ouvi ela dizer: "esse não tem o perfil Happy" ou "esse é a nossa cara, pode contratar". Por isso, as pessoas passaram a brincar com essa situação e, quando a apresentavam, não diziam "essa é a nossa recepcionista" e, sim, "essa é a nossa gerente de RH". Depois de um tempo, percebi que, nos casos em que essa recepcionista dava um parecer negativo e, mesmo assim, eu decidia contratar, ela passava a implicar com a pessoa ao ponto de eu ter que interferir para que a situação não se tornasse insustentável.

Essa é só mais uma história dos nossos 20 anos que me faz pensar em como a pessoa se sentia sendo observada "dos pés à cabeça" pela recepcionista enquanto esperava pela entrevista.

São muitos os elementos e as interações que podem fazer, de um processo de seleção, uma experiência positiva ou negativa. Dentro desse contexto, é importante lembrar que as pessoas comentam sobre a experiência vivida com várias outras pessoas assim que saem da entrevista, associando suas percepções diretamente à marca da empresa.

A contratação de talentos

A terceira etapa configura-se na resposta, ou seja, no desfecho do processo de seleção. Estou falando da contratação (ou não) que, embora seja uma etapa rápida, gera grande impacto emocional na pessoa, pois o retorno positivo ou negativo de um processo de seleção, assim como a demissão, são momentos nos quais uma empresa tem o poder de mudar para sempre a vida de alguém. Essa é uma afirmação forte? Sim, e extremamente verdadeira. Sempre penso nisso quando estou contratando ou demitindo.

A integração de talentos

E então se chega ao momento da integração, ou seja, a quarta etapa, considerada decisiva. Tenho defendido a ideia de que todo profissional entra numa empresa com o coração aberto. A pessoa não sai de casa para o seu primeiro dia de trabalho pensando que não vai dar certo ou premeditando não gostar. Contudo, caso isso aconteça, a empresa tem a oportunidade de desfazer o pensamento negativo da pessoa por meio de um bom processo de integração.

Recentemente, assistindo à série de televisão Shippados, que tem Tatá Werneck e Eduardo Sterblitch como protagonistas, deparei-me com uma cena engraçada e, ao mesmo tempo, triste. A cena é a seguinte: o personagem chega ao seu primeiro dia de trabalho e os problemas começam já na recepção do prédio, pois a recepcionista lhe pergunta a quem deveria anunciá-lo e ele não sabe responder. Quando consegue entrar, desce do elevador no andar que lhe foi indicado, porém ali não está a recepção da empresa e, sim, um andar cheio de ilhas de trabalho com todas as pessoas concentradas em suas atividades. Ele espera um pouco parado na porta e, depois, resolve entrar. Entre as mesas, depois de muito aguardar, decide começar a falar com todos num tom muito alto. Ele então se apresenta, informa que aquele é o seu primeiro dia de trabalho, conta como está se sentindo e implora que alguém lhe diga, pelo menos, onde deve sentar-se. Nesse momento, alguém se levanta de uma mesa no fundo da sala, caminha até ele e diz: "você tocou meu coração. Vou ajudá-lo", enquanto todas as outras pessoas permanecem inertes, como se nada estivesse acontecendo.

O primeiro dia e a primeira semana de trabalho podem ser memoráveis ou traumatizantes para qualquer profissional, dependendo da forma como é recebido pela empresa, pelo seu líder e pelos seus colegas.

A retenção de talentos

A quinta etapa, chamada retenção, é composta por todo o tempo que o profissional permanece trabalhando na empresa. Essa é, portanto, a etapa mais longa. Além disso, é a etapa na qual a história de amor que começou na atração precisa ser mantida, independentemente do momento que a empresa estiver vivendo. Mesmo na adversidade, o Endomarketing existe para gerar percepções positivas, ou seja, para dar valor e visibilidade a qualquer informação que exista dentro da empresa, mesmo que não seja aquela que o colaborador deseja e pela qual espera.

É NESSA ETAPA QUE A EMPRESA TEM QUE FAZER O MARKETING DE PROGRAMAS, PROJETOS E PROCESSOS PRÓPRIOS DE FORMA ESTRUTURADA, SISTEMÁTICA E INTEGRADA.

O desligamento de talentos

Por fim, temos a sexta etapa, que é caracterizada pelo rompimento e cuja motivação pode partir tanto da empresa quanto do colaborador.

Existem algumas frases muito utilizadas que dizem: "saia sempre pela porta da frente, pois, assim, você poderá voltar" ou "deixe sempre a porta aberta". Essa é uma verdade. Sabemos que muitas empresas permitem que os profissionais retornem, como é o caso da agência que dirijo. A nossa experiência mostra que esses profissionais voltam mais capacitados, maduros, experientes e, principalmente, gratos. Entretanto, sei que muitas empresas não possuem essa prática, o que não é certo nem errado. Cada empresa possui suas crenças e constrói suas políticas a partir delas.

O que quero dizer é que "sair pela porta da frente" ou "deixar a porta aberta" não deve ser visto como uma responsabilidade apenas da pessoa.

A EMPRESA TAMBÉM PRECISA SE POSICIONAR DE FORMA QUE O MOMENTO DA DESPEDIDA SEJA UMA EXPERIÊNCIA POSITIVA, MESMO QUE A DECISÃO TENHA PARTIDO DELA.

Existem muitas formas de se fazer isso, e as abordarei nas próximas páginas, descrevendo situações e exemplos que facilitem o entendimento.

Tudo é Endomarketing

Isso será feito levando em consideração que, hoje, tudo que uma empresa faz para se comunicar com seus empregados, durante todas as etapas da Jornada do Colaborador, pode ser considerado Endomarketing, pois as técnicas e as estratégias de marketing estão sempre presentes, mesmo quando se trata de um simples repasse de informação.

Quando surgiu, o Endomarketing se resumia à estratégia de apresentar aquilo que seria divulgado na mídia externa primeiro para o público interno. Uma empresa desenvolvia uma campanha de marketing para o seu produto ou serviço e, antes de lançá-la para o público externo, reunia seus empregados e a apresentava para eles.

Em algumas empresas, o Endomarketing ainda é um termo usado somente quando o cliente/consumidor está envolvido, abrangendo exclusivamente os esforços feitos pela empresa para a melhoria do atendimento ao público.

Entendo o Endomarketing como bem mais do que isso, pois abrange todo e qualquer esforço que a empresa faz no sentido de gerar o engajamento de que precisa para cumprir com os seus objetivos e, assim, obter resultados em todos os níveis. É um processo que, atualmente, exige muita rapidez, interação e flexibilidade, principalmente se levarmos em consideração que, hoje, não existe nada totalmente interno, ou seja, tanto as empresas quanto as pessoas estão no ambiente digital e as redes sociais já são percebidas como aliadas, especialmente nas etapas de atração e de retenção, o que veremos logo a seguir.

A verdade é que os

RECURSOS DE MARKETING ESTÃO SENDO CADA VEZ MAIS UTILIZADOS NA COMUNICAÇÃO COM O PÚBLICO INTERNO,

trazendo sofisticação para canais, campanhas e ações de Endomarketing, especialmente em nível de formato, o que transforma tudo numa grande experiência.

É por isso que, desde o meu último livro, quase não uso a expressão Comunicação Interna quando falo ou escrevo. Obviamente, existem especificidades da comunicação com o público interno e do Endomarketing que os diferencia, mas considero mais moderno e econômico me referir a tudo como Endomarketing, levando em consideração que os recursos de marketing podem estar em todos os movimentos de comunicação da empresa, da atração ao desligamento ou à aposentadoria.

Como uma dessas especificidades, defendo que a Comunicação Interna comunica decisões, fatos e iniciativas, enquanto o Endomarketing pode criar fatos para, depois, comunicá-los. São esses fatos que resultarão em experiências para o colaborador.

Dentro do Endomarketing, estão três caminhos distintos e complementares:

- os canais internos;

- o líder como um canal; e

- as campanhas e as ações de Endomarketing.

A empresa que possui um processo estruturado de Endomarketing é aquela que:

- utiliza bons canais de comunicação com o público interno;

- distingue e empodera o líder como primeiro e principal canal de comunicação com o público interno; e

- realiza campanhas e ações de Endomarketing informativas e motivacionais.

Mas a palavra é o que menos importa. O que importa é o acordo entre quem fala (a empresa) e quem ouve (o empregado). Isso é comunicação e, quando o marketing está a serviço dessa conexão é que acontece o Endomarketing.

Assim, proponho que usemos o termo Endomarketing sempre que nos referirmos à comunicação da empresa com seu público interno, da atração ao desligamento, passando pela seleção, contratação, integração e retenção. Isso inclui o produto/informação e os meios que a empresa utiliza para repassá-los ao seu consumidor/empregado, além de todas as conexões que podem ser criadas e que tornarão a carreira do profissional um conjunto de experiências incríveis.

Obviamente, empresa nenhuma possui a capacidade de resolver em 100% essa questão, pois é essencial que a pessoa faça o que gosta, além de respeitar o seu perfil, as características da sua personalidade e as suas expectativas na hora de optar por uma empresa. Além disso, o profissional precisa estabelecer um bom nível de cumplicidade com a sua carreira e com os resultados que se propõe a gerar para a empresa — e, principalmente, para si mesmo.

Vamos então ao que pode ser feito, em nível de Endomarketing, em cada uma das etapas da Jornada do Colaborador numa empresa.

5.1.
ATRAÇÃO

A primeira etapa da
Jornada do Colaborador

Quando consideramos o começo da Jornada do Colaborador, é comum direcionarmos o nosso pensamento para o primeiro dia na empresa, o que acontece por dois motivos:

- o primeiro: porque muitos de nós, nascidos antes da década de 80, até sonhávamos em trabalhar numa determinada empresa, porém, na hora de enviar um currículo ou aceitar uma vaga, o que mais importava era conseguir uma oportunidade, ou seja, conquistar o emprego; e

- o segundo: porque não faz muito tempo (no máximo uma década), que começou a "guerra por talentos" que, hoje, caracteriza o mercado.

A transformação digital, a comunicação em rede e a predominância das novas gerações no mercado de trabalho acelerou essa "guerra por talentos", além de ser o que vem transformando o pilar "atração" do *Employer Branding* em uma das etapas mais importantes da Jornada do Colaborador.

Uma pesquisa, feita pela consultoria americana de Recursos Humanos chamada Career Builder, afirma que um talento tem de 8 a 12 pontos de contato com uma marca empregadora antes de se candidatar a uma vaga, e é sobre alguns deles que vamos falar nas próximas páginas.

O talento consumidor

Você é ou já foi empregado? Se sim, conhecia alguma das empresas em que já trabalhou ou consumia seus produtos/serviços antes de se tornar um colaborador? Acredito que sim.

A profissional de *Employer Branding* Angélica Madalosso, que está contribuindo com o conteúdo deste livro, é uma das muitas pessoas que, num determinado momento, saíram da Happy para trabalhar em outra empresa e, depois, voltaram.

Quando deixou a Happy, Angélica foi trabalhar num dos maiores aeroportos do Brasil. Embora não fosse uma empresa de comunicação, a figura de um aeroporto a remetia para imagens boas como dinamismo, pluralidade, conexões e conquistas, pois sempre viajou muito a trabalho ou lazer. Sem dúvida, a percepção desses atributos foi essencial para sua decisão de mudar de empresa.

> **EMPRESAS QUE POSSUEM UMA ESTRATÉGIA DE BRANDING CONSOLIDADA JÁ SAEM NA FRENTE EM NÍVEL DE EMPLOYER BRANDING,**

tanto para atrair quanto para reter talentos. Contudo, isso não significa simplesmente replicar os atributos da marca na Jornada do Colaborador e, sim, contribuir para que a proposta de valor ao empregado seja única, verdadeira, humana e alicerçada em um propósito engajador.

Um bom exemplo de como uma ação de marca institucional pode impactar na tomada de decisão por parte de um futuro talento foi a atitude de uma das principais fábricas de bebidas alcoólicas do Brasil — dona de um propósito inspirado por transformar obstáculos em oportunidades —, que destinou parte da sua produção para álcool gel quando a pandemia Covid-19 chegou ao país. No mesmo dia em que a ação foi comunicada, o LinkedIn da empresa estava repleto de comentários positivos e demonstrações de interesse de profissionais em fazer parte da empresa. Semanas depois, essa mesma indústria ficou em segundo lugar num ranking divulgado pela revista Exame que apresentou as 100 marcas mais lembradas durante a quarentena.

A era LinkedIn

Essa foi a chamada que estampou a capa da Revista IstoÉ Dinheiro de maio/2020 em função de a maior rede social corporativa do mundo estar crescendo ainda mais desde a aquisição feita pela Microsoft e, principalmente, por ter apresentado uma aceleração exponencial em nível de engajamento e interações durante a pandemia Covid-19.

Devido a esse cenário e por todos os movimentos de gestão de pessoas e comunicação que temos tido a oportunidade de acompanhar em empresas de diversos segmentos, percebemos o LinkedIn como o principal canal de *Employer Branding* e como o centralizador das iniciativas que impactam na marca empregadora das organizações. Isso significa que todo conteúdo que possa contribuir para um talento tomar a decisão de fazer parte de uma empresa precisa estar na sua página no LinkedIn.

Uma pesquisa recente feita pela Jobvite, empresa americana de tecnologia em recrutamento, mostra que 93% das empresas buscam o perfil de seus possíveis candidatos no LinkedIn. Essa pesquisa mostra, também, que 38% dos profissionais exploram os perfis das organizações nas quais estão pensando em se candidatar para uma oportunidade e que 32% acessam perfis de atuais colaboradores dessas empresas para buscar mais informações e percepções sobre elas.

Além disso, é uma ótima rede para realizar a comunicação com investidores, o que pode ser feito em conjunto com o conteúdo da marca empregadora, pois são assuntos que, na maioria das vezes, interessam a ambos os públicos.

Como utilizar o LinkedIn

A pergunta que mais recebemos quando informamos que temos uma área de *Employer Branding* na Happy é sobre como utilizar o LinkedIn de maneira atrativa e estratégica corporativamente. Isso certamente acontece porque, quando pesquisamos sobre essa rede no Google, o que mais encontramos são orientações para construir um perfil pessoal, ou seja, não há muito conteúdo para as empresas.

Ocorre que a transformação do recrutamento somente aconteceu nos últimos anos. Aos poucos, as empresas estão se dando conta de que devem olhar para o LinkedIn como uma plataforma para construírem a sua imagem de marca empregadora. Neste momento, o que vemos é muito *repost* de conteúdo do Facebook e do Instagram no LinkedIn, o que é uma estratégia equivocada, pois, quando pensamos em redes sociais, a principal regra é entender que as pessoas acessam cada uma delas com determinada expectativa, e o universo do LinkedIn é realmente muito específico. Além disso, a duplicidade de conteúdo, quando usada por muito tempo, dificulta qualquer mudança de estratégia, gerando um trabalho dobrado.

Hoje, o LinkedIn tem mais de 42 milhões de usuários no Brasil, o que representa o quarto maior mercado da rede no mundo. Só de estudantes universitários são cerca de 4 milhões, o que demonstra o quanto essa rede é acessada por jovens que sonham em seguir a carreira em grandes empresas ou até em *startups*.

Neste capítulo, estão algumas sugestões de como melhorar a página de uma empresa no LinkedIn, já que esse é o principal movimento a ser feito para atrair talentos, levando em consideração que o Endomarketing começa na primeira etapa da Jornada do Colaborador, que é a atração.

Posicione o LinkedIn como um canal de marca empregadora

Conforme a missão dessa rede social — "conectar profissionais do mundo para torná-los mais competitivos e bem-sucedidos" —, o LinkedIn se configura num espaço para que

AS MARCAS SE POSICIONEM DE FORMA INSPIRADORA PARA QUEM DESEJA CONSTRUIR E SEGUIR UMA CARREIRA.

É claro que isso não impede a rede de atingir, também, clientes e investidores. Porém, a empresa que deseja trabalhar a sua marca como empregadora precisa dar foco ao que, de fato, a plataforma se propõe genuinamente a oferecer.

Como isso funciona na prática? Exatamente na semana em que estou escrevendo esta parte do livro, a Happy fez um post no LinkedIn para um dos clientes cuja página de carreira administramos, mencionando uma matéria publicada no site da Exame que falava sobre o quanto essa empresa está investindo em inteligência artificial e *data driven* para customizar a experiência de compra. A forma como construímos o texto do *post* colocava os colaboradores da empresa como protagonistas dessa entrega e, ao mesmo tempo, mencionava os ganhos proporcionados por esse investimento.

O resultado que tivemos com esse conteúdo foram diversos comentários e compartilhamentos tanto de colaboradores, elogiando a empresa e comentando sobre o orgulho de trabalhar numa organização que investe em tecnologia de ponta (o que certamente influenciou profissionais do mercado a também quererem trabalhar nela), quanto de usuários da rede comentando que compraram ações da empresa por valorizarem a estratégia de negócio divulgada.

A valorização da página inicial

O ditado popular que diz que

"A PRIMEIRA IMPRESSÃO É A QUE FICA"

vale muito para interações virtuais. Pois o LinkedIn oferece recursos na sua página inicial que, se explorados estrategicamente, podem expor, já na primeira página, a proposta de valor da empresa ao colaborador.

A logomarca, por exemplo, pode ser utilizada em formato de *gif*. No caso de um grupo formado por diversas empresas, essa funcionalidade pode servir para colocar as diversas marcas em uma animação randômica. Outra estratégia interessante é a de explorar a foto do perfil apoiando causas e movimentos. Durante a Covid-19, muitas marcas colocaram máscaras para demonstrar o apoio ao controle da pandemia, demonstrando a sua preocupação com a saúde e as atitudes que estavam tomando em relação à prevenção. Da mesma forma, em junho, no mês do orgulho LGBTQIA+, diversas empresas mudaram os tons das suas logomarcas como forma de demonstrar que acreditam e praticam a diversidade e a inclusão.

A imagem de capa, por exemplo, é uma mídia extremamente importante por ser o espaço mais visual da página inicial. Muitas empresas utilizam esse espaço com imagens de campanhas externas. Contudo, as páginas que considero referência exploram esse espaço para mostrar seus colaboradores, evidenciar o orgulho de pertencer e apresentar o seu propósito ou trabalhar a sua imagem de Recursos Humanos, expondo a sua proposta de valor ao colaborador.

Na Happy, temos recomendado aos nossos clientes que qualquer imagem ou conteúdo utilizado para ilustrar a capa da sua página no LinkedIn seja o mais real e humana possível, o que serve também para os conteúdos compartilhados.

Entendo que todo discurso de marca empregadora precisa ser verdadeiro, pois também é verdade que as pessoas testam diariamente as promessas feitas por uma marca. A voz da marca empregadora tem que ser a voz do colaborador, servindo para comprovar que a prática é coerente com o discurso. Para exemplificar, escolhi três empresas que costumo acompanhar como *benchmarking* internacional.

- a primeira delas é a Disney, cuja imagem de perfil apresenta personagens históricos da companhia e convida o usuário a fazer parte dessa história;

- a segunda é a Amazon, com ilustrações simples alinhadas à identidade da marca. O foco da peça é atrelado ao propósito, o que se configura num convite para que o talento construa o seu futuro com a companhia.

- a terceira é a Unilever, que usa um simples mosaico de imagens de colaboradores em rituais da empresa e fotos de seus talentos interagindo com produtos icônicos da marca.

Nesse último exemplo, não há texto na imagem, pois é possível utilizar o espaço de texto logo abaixo para colocar a mensagem. Ali está descrita a proposta de valor ao colaborador: *A Better Business. A Better World. A Better You.*, que, em tradução livre, significa "Negócio Melhor, Mundo Melhor, Você Melhor".

A capa de perfil também pode ser usada de forma mais dinâmica, vinculada a movimentos e causas ou a ações e iniciativas da empresa que fortaleçam sua proposta de valor ao colaborador. Durante a pandemia Covid-19, por exemplo, a Uber optou por ilustrar a sua capa com uma mensagem atrelada à quarentena que diz: "A Companhia que move as pessoas está pedindo para você não se mover. Juntos, nós podemos parar a pandemia Covid-19".

A aba "Sobre" não pode ser subestimada

De acordo com uma pesquisa feita pelo próprio LinkedIn, as principais informações que os usuários buscam ao acessar a página de uma companhia são: cultura, benefícios e propósito.

Isso torna necessário olharmos atentamente para a aba chamada "Sobre" que, além de ser um espaço gratuito na rede, é a primeira no menu da página. Em vez de colocar números, história e resultados financeiros, o ideal é que a empresa evidencie o seu propósito, mostrando aquilo que se propõe a fazer para a sociedade e o mundo. A empresa deve apresentar, portanto, os valores organizacionais, além de abordar exemplos de ações impactantes que legitimem a sua cultura. A empresa deve abordar, também, aquilo que oferece a seus colaboradores, com foco nos seus diferenciais de marca empregadora. Mais do que informativo, o conteúdo da aba "Sobre" precisa ser inspirador para os talentos que deseja atrair.

Investimento na aba "Dia a Dia"

O verbo "investir" não está nesse título por acaso. Ter uma aba de "Dia a Dia" no LinkedIn significa realizar investimento financeiro. Para pequenas e microempresas, exceto *fintechs* (*startups* que trabalham para inovar e otimizar serviços do sistema financeiro) e empresas de tecnologia, é recomendável destinar o investimento na rede para conteúdo e o direcionar para a *landing page* de carreiras do site oficial da empresa.

O investimento é realmente alto, além de ser em dólar, o que o torna inacessível para empresas menores. Entretanto, para grandes empresas, multinacionais ou negócios que possuam um custo considerável de recrutamento ou um número grande de contratações, é imprescindível investir nesse espaço, tanto financeira quanto estrategicamente.

Costumo dizer que uma aba de "Dia a Dia" consistente exige a mesma dedicação de um site bem feito. É preciso manter os conteúdos sempre atualizados e endossados pelos depoimentos e pelas histórias de colaboradores. É possível, também, contratar mais de uma aba para poder organizar melhor o conteúdo. Existem empresas que chegam a ter 10 abas de "Dia a Dia", nas quais criam ambientes exclusivos para regiões de atuação, segmentos de público interno, projetos especiais, programas de estágio ou *trainee*, ou diferentes frentes de negócios. Para um dos nossos clientes, por exemplo, criamos uma aba de "Dia a Dia" destinada ao programa de aproximação com talentos universitários, na qual contamos as diversas ações que esse programa realiza, de *hackathons* (maratonas que reúnem times de desenvolvimento para criar projetos em um curto espaço de tempo) a mentorias.

Uma das vantagens das abas de "Dia a Dia" é não haver a necessidade de nenhum conhecimento técnico para criar ou alterar o conteúdo. O primeiro espaço dessa aba é um cabeçalho que pode ser ilustrado com um vídeo ou imagem, onde deve estar a proposta de valor ao colaborador com uma animação impactante ou por meio de um vídeo de carreiras. Logo abaixo, existem três blocos fixos de texto com caracteres limitados que podem ser ilustrados no formato de imagem ou vídeo.

Entretanto, não é necessário criar vídeos específicos para essa aba. Muitas vezes, é possível aproveitar materiais realizados para campanhas de Endomarketing ou de outras iniciativas de *Employer Branding*.

Ao desenvolvermos o planejamento visual e editorial da página no LinkedIn de uma das maiores companhias elétricas do mundo, o que aconteceu durante a pandemia Covid-19, e por estarmos impedidos de realizar captações profissionais para criar vídeos para a página, tivemos de optar por fazer uma curadoria de conteúdo das ações internas. Com pequenas edições nos materiais, criamos três vídeos, sendo um deles para ilustrar o pilar "diversidade" da proposta de valor ao empregado, com depoimentos de profissionais sobre o quanto se sentem valorizados e incluídos pela empresa.

Outro recurso bastante interessante é a associação de *hashtags* utilizadas pelos colaboradores para compartilhar conteúdos que envolvam a empresa com a aba do "Dia a Dia". Dessa forma, os *posts* mais recentes dos colaboradores entram automaticamente e ficam em evidência no início da página em uma área chamada "conteúdos compartilhados pelos empregados". Utilizar essa funcionalidade é também uma forma de reforçar um posicionamento transparente e verdadeiro no LinkedIn, já que os *posts* divulgados nesse espaço não passam por aprovação, ou seja, são um conteúdo pessoal e orgânico.

Na aba de "Dia a Dia", também podem ser destacados até quatro colaboradores, deixando suas fotos e seus cargos visíveis com um *link* para o perfil pessoal de cada um. Esse espaço pode ser utilizado para apresentar os principais líderes da empresa, os recrutadores e os profissionais de áreas críticas para a contratação. Essa última opção é muito favorável para momentos em que a empresa está com uma oportunidade aberta e precisa de um resultado maior e mais rápido. Por exemplo, se a vaga é para gestor de tecnologia, a empresa pode deixar o perfil de um colaborador com o mesmo cargo nesse espaço. Afinal, é muito provável que a pessoa que aplicar para a oportunidade acesse a aba "Dia a Dia" da empresa e, como consequência, visualize o perfil desse profissional para levantar percepções de como é estar nesse cargo.

Essa mesma estratégia funciona para o espaço de depoimentos, onde a empresa pode adicionar a opinião de até dois colaboradores, assim como para a associação de artigos, já que o LinkedIn permite vincular até três publicações de perfis pessoais.

Após colocar em prática essas possibilidades na aba "Dia a dia", é recomendável que todas as atualizações de conteúdo sejam comunicadas no *feed* de notícias. A empresa pode ter uma campanha padrão com trechos dos novos depoimentos e dos artigos que convidem o leitor a ir até a página por meio de um *link* e, assim, conferir na íntegra as mensagens, o que aumentará o tráfego de usuários.

A gestão de conteúdo

Existem duas premissas essenciais para realizar uma gestão estratégica de conteúdo no LinkedIn:

- a primeira é ter consciência da forma como as pessoas percebem a empresa enquanto marca empregadora, pois é a partir dela que será possível potencializar os atributos reconhecidos positivamente, minimizar as percepções negativas existentes e passar a legitimar as características positivas ainda não percebidas pelo público; e

- a segunda é conhecer as *personas* do seu público interno, ou seja, entender as vontades, as necessidades e as características das pessoas que formam cada área da sua empresa. A partir dessas análises, será possível construir uma linha editorial que realmente gere resultados.

De qualquer maneira, existem assuntos que performam bem para a maioria das empresas por serem pautas que, independentemente da estratégia, contribuem para posicionar a empresa como humana e transparente — características essenciais para qualquer iniciativa de *Employer Branding*. A seguir, estão algumas recomendações e exemplos daquilo que pode e deve ser divulgado por meio do LinkedIn:

- Rituais que fazem parte da rotina da equipe. Para um de nossos clientes, realizamos um *post* mostrando o presidente batendo um sino para celebrar o aniversário da empresa, ritual utilizado desde a fundação para comemorar grandes marcos.

- Relatos de trajetórias de sucesso. A empresa pode pedir aos colaboradores que iniciaram como estagiários ou *trainees* e chegaram em posições estratégicas que contem a sua história.

- Carreiras diferentes que podem ser construídas dentro da empresa. Muitas vezes, as pessoas desconhecem as possibilidades existentes.

- Universidade corporativa e ferramentas de desenvolvimento disponíveis aos colaboradores e, se possível, compartilhamento de parte desse conteúdo.

- Iniciativas relacionadas à sustentabilidade e ao voluntariado, evidenciando como a empresa incentiva os colaboradores a contribuírem com a sociedade.

- Benefícios e incentivos capazes de melhorar a vida dos colaboradores de forma consistente e verdadeira. Neste sentido, no último Dia dos Namorados, a Happy produziu um vídeo para um cliente do setor aéreo, contando como colaboradores conseguiram manter suas histórias de amor à distância por meio do Benefício Viagem proporcionado pela empresa.

- Produtos e/ou soluções inovadoras e tecnológicas entregues pelos colaboradores.

- Líderes inspiradores. Uma boa prática que se tornou evidente após o crescimento exponencial dos eventos virtuais é o compartilhamento de conteúdos transmitidos por gestores após a participação em uma *live* ou um *webinar* (webconferência com intuito educacional, na qual a comunicação é de apenas uma via, ou seja, somente o palestrante se expressa e as outras pessoas assistem).

A verdade é que existem muitas formas de construir conteúdo de qualidade para o LinkedIn. Esses são alguns dos caminhos que, apesar de simples, trazem muito resultado em nível de atração.

Vale, ainda, lembrar a importância de a empresa valorizar a diversidade em todo o conteúdo, o que significa demonstrar a inclusão da forma mais natural possível.

Outra estratégia interessante é utilizar o conteúdo gerado pelos colaboradores. O LinkedIn tem uma funcionalidade chamada "atividade", em que a empresa pode acompanhar todas as menções, compartilhamentos, comentários e reações que a envolvem como marca empregadora. Assim, a empresa tem como interagir com os usuários e identificar assuntos que podem ser repostados e aproveitados.

É importante, também, valorizar a frequência sem se esquecer da qualidade do conteúdo. Uma das maneiras de crescer organicamente no LinkedIn é postar diariamente e interagir. Por isso, vale lembrar que o melhor jeito de garantir um bom conteúdo no *timing* correto é observar e avaliar o que os colaboradores da empresa estão postando para, então, usar em seu favor.

Dentro do LinkedIn, existem duas estratégias de Endomarketing que devem ser adotadas, levando em consideração que a imagem da empresa como empregadora não é produzida apenas por ela própria.

Essas duas estratégias são:

- Realizar campanhas internas para que os colaboradores melhorem as suas páginas no LinkedIn e as mantenham atualizadas com dados corretos da empresa e, se possível, usem fotos que representem o seu ambiente de trabalho, promovendo a empresa; e

- Orientar os profissionais que atuam na seleção de talentos para que se apresentem, por meio do LinkedIn, de forma que a imagem positiva da empresa esteja retratada na sua página, dando início ao processo de atração por meio não apenas da sua apresentação, mas também do conteúdo que publica.

Obviamente, a empresa não pode obrigar seus colaboradores, nem seus profissionais de Recursos Humanos que atuam na seleção de talentos, a organizarem a sua página no LinkedIn como ela deseja. Isso deve ser feito por meio de um programa ou campanha que incentive as pessoas a fazê-lo, mostrando a importância dessa atitude para a imagem da empresa.

Existe, também, a estratégia de transformar colaboradores em influenciadores, que será abordada nas próximas páginas com maior profundidade.

Instagram, Facebook, Twitter, TikTok, YouTube, Medium e o que mais surgir

Embora o LinkedIn seja a principal rede social para a estratégia de *Employer Branding*, as outras também podem fazer parte da atração de talentos, trazendo bons resultados.

Conforme pesquisa feita pela Universum, consultoria sueca especializada em *Employer Branding*, até 2025 os *millennials* formarão 75% da força de trabalho no mundo. Com isso, o uso de redes sociais como ferramenta de *Employer Branding* aumentará em até 70%.

Como as outras redes sociais que existem além do LinkedIn não têm no seu propósito o desenvolvimento de talentos, é comum serem percebidas pelas empresas como canais de relacionamento com clientes e de vendas. Entretanto, muitas empresas que são referência em marca empregadora já descobriram e estão usando o potencial de cada uma delas.

O primeiro desafio é definir em qual perfil veicular o conteúdo de marca empregadora. Quando surge essa dúvida, é preciso avaliar se a empresa possui uma marca B2C ou B2B. Se for B2C, deve criar um perfil secundário com foco em carreira. No caso de uma empresa B2B, ou uma *holding*, existe a possibilidade de concentrar todo o conteúdo em apenas um perfil.

A Netflix, por exemplo, possui o perfil Netflix para conversar com clientes a respeito do seu serviço, porém, para se conectar com seus futuros e atuais talentos, utiliza o *"We are Netflix"*, por meio do qual demonstra como é trabalhar na empresa e, ao mesmo tempo, busca engajar seus colaboradores. O Google, por sua vez, criou o *"Life at Google"*, perfil presente na maioria das redes sociais para mostrar os bastidores da empresa. A BlackRock, empresa focada em investimento, optou por destinar o seu único perfil em redes como Instagram e Facebook para marca empregadora.

O segundo desafio é decidir em quais redes a empresa vai estar presente, trabalhando a sua marca como empregadora.

Para tomar essa decisão, é imprescindível avaliar quais são as redes que possuem sinergia com os talentos que a empresa deseja atrair e com os seus colaboradores atuais. É preciso avaliar, também, se a associação da marca a essa determinada rede será capaz de gerar valor como empregadora.

Manter uma rede com conteúdo relevante e bem administrada é trabalhoso. Por isso, é necessário realizar as avaliações necessárias, a fim de escolher os canais que realmente trarão resultados e cuja gestão permanente seja possível.

O que temos visto no mercado brasileiro é a utilização do Instagram para atrair talentos mais jovens como *trainees*, estagiários e profissionais com carreiras associadas à tecnologia e à inovação. O Facebook tem gerado mais resultado com públicos de mais idade ou de áreas operacionais. O Medium, por ser mais focado em artigos, tem sido utilizado para atrair profissionais mais técnicos como desenvolvedores, programadores, engenheiros de *software*, entre outros. O YouTube e o TikTok estão aproximando novos estudantes e proporcionando o primeiro contato desses jovens com seus possíveis primeiros empregadores. Por último, temos o Twitter como uma rede pouco utilizada para *Employer Branding* no Brasil, embora tanto na Europa quanto nos Estados Unidos seja um canal para esse fim, tendo como audiência uma ampla categoria de profissionais.

Os programas de visitas e a aproximação com universidades

A criação de programas que buscam aproximar estudantes e profissionais das empresas é uma das estratégias que tem sido muito explorada tanto por grandes organizações quanto por *startups*. A seguir estão alguns exemplos que podem ser aplicados nos mais diversos tipos de negócios.

Dentro desse contexto, muitas empresas estão revendo seus programas de visitas para que se tornem verdadeiras experiências para os seus participantes. São organizações que já possuem, em seus sites, espaços para agendar visitas tanto ao escritório corporativo quanto às unidades.

A fim de que essa estratégia traga resultados para a marca empregadora, é importante estruturar um roteiro que mostre o dia a dia da empresa e proporcione oportunidades para que alguns profissionais possam contar sobre suas áreas e suas rotinas de trabalho. Isso significa tornar a visita o mais humana possível, pois lugares encantadores só fazem a diferença quando profissionais inspiradores dão vida aos espaços.

Outra dica para construir um programa de visitas com impacto é a customização de algumas experiências. Uma vez, ao visitar o escritório de uma empresa de tecnologia em São Paulo, recebi uma credencial personalizada com o meu nome. Tudo aquilo que demonstra que a pessoa está sendo esperada e que será tratada como um indivíduo, com interações criadas especificamente para ela, torna a experiência muito mais significativa.

O elemento surpresa

É importante, também, surpreender a pessoa antes e depois da visita. Isso pode ser feito por meio de mensagens e vídeos demonstrando o quanto ela está sendo esperada e, depois, expressando o quanto a empresa se sentiu privilegiada em tê-la recebido. Na mensagem de agradecimento, a empresa poderá enviar uma avaliação a ser feita pela pessoa e uma foto dela com a marca para que seja publicada nas redes.

Recentemente, uma empresa do segmento de investimentos fez um *post* nas redes sociais sobre a intenção de criar uma *Villa* que seria o símbolo do novo formato de trabalho dessa empresa, no qual todos os colaboradores poderiam aderir ao trabalho remoto, tornando a nova sede o ambiente onde, sempre que necessário, os profissionais poderiam trabalhar ou realizar atividades de confraternização e lazer com seus colegas.

A partir de um projeto arquitetônico disruptivo inspirado no Vale do Silício, com salas de reuniões de todos os estilos, espaços de interação e lazer, quadras de esportes, horta, jardins para meditação, restaurantes, cafés e espaços gourmet, a sede também oferecerá um *tour*, experiência que poderá ser vivenciada por estudantes, profissionais e colaboradores, com atividades e espaços interativos, realidade virtual, cinema e ambiente "instagramável" com a marca da empresa. E, para completar, disponibilizará uma visita à loja da marca com os mais diversos itens personalizados, onde cada visitante poderá comprar *souvenirs* para recordarem da *Villa*.

Um espaço semelhante a esse, que já existe em São Paulo, é o Campus do Google. Todo o ambiente é inspirado na mesma estrutura física, tecnológica e cultural do Google e qualquer profissional pode visitá-lo para tomar um café, trabalhar ou participar de algum evento. Essa estratégia permite que muitos talentos vivenciem a cultura da empresa antes mesmo de aplicar para uma vaga ou participar de um processo seletivo.

Programas de aproximação com escolas e universidades também têm gerado bons resultados para a estratégia de atração de talentos. Um dos nossos clientes possui um programa cujo objetivo é estabelecer uma aproximação com diversas instituições de ensino do Brasil. Entre as iniciativas realizadas por eles está o *Supply Challenge*, para o qual foram mapeados fornecedores da empresa que precisavam se reinventar em função da pandemia Covid-19. Todas essas empresas passaram a receber consultoria de estudantes de Administração de uma universidade parceira do programa. Os estudantes envolvidos também foram capacitados por profissionais da organização por meio de *masterclasses*. Provavelmente, o dia em que esses alunos forem impactados por alguma oportunidade de trabalho nessa empresa, lembrar-se-ão da experiência vivida, o que certamente contribuirá para sua decisão.

Marketing de conteúdo e assessoria de imprensa

O marketing de conteúdo é uma estratégia focada na criação e na publicação de conteúdo significativo para uma empresa ou um profissional em artigos, *e-books*, livros, cursos, *webinars*, *lives*, *podcasts* e *posts* que tenham como objetivo aumentar o nível de conhecimento e sugerir soluções, na maioria das vezes sem promover explicitamente a marca ou a *persona*.

Essa disciplina se configura como uma grande oportunidade para fortalecer a marca empregadora, pois os profissionais de hoje vivem em meio ao conceito de *lifelong learning*, que significa aprendizado constante, ou seja, estão sempre buscando aprender algo novo.

Além disso, uma pesquisa realizada pela Universum sobre tendências em *Employer Branding* após a pandemia Covid-19 trouxe a informação de que a habilidade principal dos melhores talentos do mercado será, cada vez mais, a capacidade de aprendizado, uma vez que as adaptações exigidas pela crise a esses profissionais fizeram as empresas sobreviverem a ela.

É importante lembrar, também, que os colaboradores são profissionais especializados nas áreas onde atuam, e que muitos deles gostam de compartilhar conhecimento e incentivar novos talentos a escolherem suas áreas.

Existe uma grande empresa de varejo que criou um programa em formato de *podcast* para falar sobre tecnologia, sendo que cada episódio é facilitado pelo diretor da área e tem, como convidado, alguém de sua equipe responsável por compartilhar conhecimento relacionado ao tema proposto. Todos os episódios foram divulgados nos perfis de carreira e no LinkedIn da marca.

A *Villa* comentada num parágrafo anterior foi apresentada em um *e-book* feito pelos principais executivos da empresa, tendo como principal porta-voz o presidente que abordou o trabalho no "novo normal" e as suas tendências.

Outro exemplo é uma empresa de tecnologia do mercado imobiliário que, para apoiar a causa LGBTQIA+, criou uma rodada de painéis *on-line* para educar e esclarecer dúvidas em relação ao tema ministrada pelos colaboradores representantes do comitê de diversidade.

Durante a pandemia Covid-19, diversas empresas aproveitaram para gerar conteúdo, a fim de contribuir para que os profissionais enfrentassem o trabalho remoto da melhor maneira. Uma empresa de tecnologia do sistema financeiro publicou artigos em seu *blog* sobre saúde mental escrito pelo médico do trabalho da sua equipe. Uma empresa de cuidados com a beleza publicou uma série de *posts* para lembrar os profissionais de terem bons hábitos no *home office*, como parar para almoçar, tomar água e fazer alongamento, e formulou um *e-book* com dicas para as mães que estavam em casa com os filhos, já que essa empresa é, majoritariamente, formada por mulheres.

O marketing de conteúdo não precisa ser necessariamente digital. Muitos livros escritos por presidentes e biografias de profissionais nasceram com o intuito de mostrar a história, a cultura e as boas práticas das empresas que fundaram ou nas quais trabalham. O livro "Rebeldes têm asas", escrito pelo criador da empresa Reserva, Rony Meisler, surgiu para ser lido pelos colaboradores e pelos talentos que passassem a fazer parte da empresa, mas o conteúdo despertou tanto interesse que acabou sendo editado para o mercado, e hoje, não há quem leia e não passe a desejar trabalhar na empresa.

Um exemplo de empresa que pratica isso há muito tempo é a Disney ao oferecer cursos, por meio da sua academia, dos quais participam profissionais do mundo inteiro para serem treinados pelos colaboradores mais inspiradores da organização. Além de ser um dos negócios mais rentáveis do grupo, esse serviço também desperta, nessas pessoas, o interesse em ser parte da cultura Disney.

O trabalho de assessoria de imprensa na construção de uma marca empregadora ainda é pouco explorado, porém acontece de forma indireta por meio de esforços institucionais. Entretanto, sabemos que é possível implementar um plano de ação estratégico mapeando os veículos mais lidos pelos talentos que interessam à empresa e estreitando relacionamentos com coordenadores editoriais desses canais. Empresas como Facebook e Spotify frequentemente colocam seus profissionais para falarem nos programas feitos pelo Portal Hipsters.tech, o que torna esse canal uma fonte de inspiração para profissionais da área de tecnologia, além dos demais conteúdos ali publicados, obviamente.

Os *rankings* e os sites de avaliações

É comum profissionais em busca de boas oportunidades acessarem referências sobre empresas que lhes interessam por meio de sites onde colaboradores e ex-colaboradores avaliam anonimamente as organizações nas quais já trabalharam. Segundo um estudo realizado pela Redshift, 83% dos entrevistados acreditam que as avaliações sobre as empresas têm impacto em sua candidatura para vagas. O principal canal de avaliações para cargos corporativos no Brasil é o Glassdoor (antigo LoveMondays, que foi adquirido por essa plataforma global).

No Glassdoor, as empresas podem ter uma conta gratuita que lhes permite responder às avaliações realizadas e personalizar a logomarca. Para as empresas que contratam a versão profissional, existe a possibilidade de aprimorar o perfil com mais fotos e conteúdo, além de colocar avaliações de profissionais em evidência. Por exemplo: se uma empresa possui uma vaga na área de marketing, é possível escolher depoimentos dessa área e colocar em destaque. Também é possível bloquear anúncios de vagas de concorrentes na sua página e escolher os perfis de até duas empresas onde os anúncios da sua oportunidade irão aparecer.

Existe também o Indeed, que é conhecido como o maior site de empregos do mundo. Em função da reestruturação que o Glassdoor passou durante a pandemia Covid-19 no Brasil, o Indeed tem crescido bastante no nosso mercado. O diferencial desse site está na sua página inicial, pois, assim que o acessa, o usuário é impactado por dados como: a percepção dos colaboradores sobre a liderança e o presidente; a média salarial; e a avaliação de processos seletivos. Além disso, existe um ambiente colaborativo de perguntas e respostas onde a pessoa que acessa e a própria empresa podem interagir e responder. Há, também, a modalidade paga, por meio da qual a empresa consegue utilizar recursos semelhantes aos do Glassdoor.

Esses mesmos sites também publicam, anualmente, *rankings* das empresas que obtiveram as melhores avaliações. Quando são publicados, esses dados ganham um grande destaque nos principais veículos de comunicação de negócios, sendo uma mídia espontânea excelente para a marca empregadora.

Além desses *rankings*, existem outros que realizam verdadeiras auditorias para descobrir as melhores empresas para se trabalhar. Em nosso país, tais organizações são escolhidas pela Você S.A/Exame e pelo GPTW – Great Place to Work. Além de receber um retrato da percepção e do sentimento das pessoas em relação à empresa enquanto marca empregadora, existe o ganho em mídia espontânea, caso ela atinja o índice determinado para o reconhecimento. Internacionalmente, o *ranking* mais conhecido é o da Forbes, que divulga, anualmente, os melhores ambientes para se trabalhar no mundo.

As páginas de carreira

Mesmo com o avanço acelerado do uso das redes sociais, o acesso aos ambientes conhecidos como "Trabalhe Conosco", nos sites institucionais, ainda é muito utilizado por talentos que querem trabalhar numa determinada organização. O segredo para que esse ambiente realmente contribua para a tomada de decisão dos talentos é a empresa passar a olhar para esse espaço como uma página de carreira, e não como um espaço de candidatura e anúncio de vagas.

As páginas de carreira consideradas *benchmarking* no mercado são verdadeiros portais de conteúdo sobre como é fazer parte de uma determinada empresa. A proposta de valor ao colaborador é exposta em cada conteúdo e em todas as imagens escolhidas para ilustrar o ambiente. Além disso, as fotografias e os vídeos utilizados são reais e protagonizados pelos próprios colaboradores. Nesse ambiente, é comum encontrarmos materiais produzidos sem deixar a característica humana de lado.

Vídeos, artigos e *podcasts* de autoria dos próprios colaboradores legitimam cada palavra nas páginas de carreira. É importante falar da cultura, do propósito e dos desafios do negócio. Além disso, é preciso mostrar o ambiente de trabalho, a tecnologia oferecida, as facilidades e os benefícios oferecidos ao colaborador.

É necessário compartilhar, também, a forma como as pessoas são recrutadas e os detalhes dos processos seletivos. O Google, por exemplo, tem uma aba chamada "Como nós recrutamos", que detalha cada etapa do processo e ainda dá dicas aos talentos interessados.

Outra estratégia a ser usada nessas páginas é a criação de conteúdo para chamar atenção a cada estilo de carreira oferecido pela empresa. Algumas trabalham conteúdos classificados por áreas ou temas para que as pessoas possam encontrar experiências relacionadas à sua realidade.

Ainda vale ressaltar mais dois pontos: a importância da atualização desse espaço, que deve ser constantemente abastecido por novos conteúdos para despertar o interesse e o acesso; e os links para as páginas institucionais da empresa, a fim de que a pessoa possa, também, passar a seguir a empresa nas redes sociais.

Os programas de influenciadores

Falar sobre colaboradores como influenciadores da marca empregadora pode parecer óbvio, já que este livro tem o objetivo de contar como uma empresa pode promover a melhor experiência ao colaborador em toda a sua jornada, começando pela atração. É óbvio que toda e qualquer ação nesse sentido é capaz de transformar, de forma orgânica, o colaborador num embaixador da marca, pois desperta nele a vontade de compartilhar aquilo que está vivenciando. Mais do que isso, transforma o colaborador num agente de reputação da empresa.

Contudo, o resultado pode ser ainda maior quando as empresas optam por criar programas estruturados que conduzam e orientem o colaborador no sentido de atuar realmente como um embaixador, tanto para atrair talentos quanto para criar conexões com outros públicos de interesse da empresa.

Quando temos acesso a pesquisas de mercado que abordam esse tema, entendemos o quanto é importante olhar com mais atenção para as oportunidades que existem. Conforme pesquisa da Nielsen (2019), 84% das pessoas preferem se candidatar a vagas ou comprar produtos e serviços indicados por amigos, familiares e colegas, a fazê-lo por anúncios ou indicações de influenciadores profissionais pagos pelas empresas. Conforme pesquisa feita pelo LinkedIn sobre tendências de marca empregadora para 2019, foi identificado que os talentos tendem a buscar referências sobre as empresas de cujos processos seletivos estão participando por meio de depoimentos dos seus colaboradores.

A empresas que já possuem um programa de agentes de Comunicação Interna estruturado costumam utilizar os mesmos colaboradores como influenciadores para promover a marca empregadora. Esse formato funciona muito bem quando os participantes e seus cargos são coerentes com os principais desafios das áreas de atração e seleção. Um exemplo disso é a empresa ter, como influenciadores, profissionais que exerçam cargos e que atuem em áreas que sejam mais difíceis de recrutar e reter talentos. Isso significa, também, que, diante de algumas demandas específicas, apenas alguns dos influenciadores sejam acionados para atuarem.

O primeiro passo para ter uma equipe de influenciadores bem estruturada é definir quais e quantos serão os profissionais que farão parte dela. Para isso, deve-se considerar a realidade, os objetivos e a demanda da empresa em nível de atração.

A indicação de talentos

O segundo passo é contar com as lideranças para indicarem esses profissionais, o que normalmente acontece em empresas mais verticalizadas, ou optar pela votação, que pode acontecer por meio de redes sociais internas ou de outros rituais. A votação é comum em ambientes mais colaborativos. Caso a sua empresa opte pela votação, é importante existir uma etapa anterior de validação dos candidatos, a fim de garantir que aquele colaborador represente a cultura e possua uma boa performance.

A partir daí, deve-se definir como será a operação do grupo de influenciadores, os rituais e os conteúdos que serão compartilhados pelo programa.

Muitas empresas fazem a gestão do grupo, diariamente, por meio de redes sociais ou sistemas internos. Para que a equipe se sinta empoderada e engajada, é importante criar um ritual de boas-vindas, além de definir encontros periódicos presenciais ou por meio de vídeo chamada para que o diálogo e os alinhamentos necessários aconteçam.

Antes de começarem a atuar, os influenciadores da marca empregadora deverão passar por um treinamento no qual conhecerão a estratégia de comunicação escolhida.

É importante, também, realizar um treinamento apresentando a estratégia de comunicação e de atração/seleção da empresa, que pode ser ministrado tanto por profissionais internos quanto por parceiros envolvidos no processo. Caso a empresa tenha parceiros, como uma consultoria de RH e/ou uma agência responsável pelas redes sociais, é importante que realizem treinamentos técnicos com o grupo de influenciadores. Além disso, é preciso que todos passem por um treinamento de *media training*, pois participarão de vídeos, *podcasts* e outros recursos.

Para munir os influenciadores com conteúdo, algumas empresas compartilham semanalmente um *clipping* que traz informações a serem compartilhadas. Outra maneira de fazer isso é compartilhando com eles, previamente, as principais ações da marca empregadora e da Comunicação Interna, se possível envolvendo-os, também, no processo de criação.

Por fim, é preciso estabelecer uma forma de reconhecer os influenciadores, o que pode acontecer por meio da definição de métricas, metas e desafios a serem atingidos.

Além do grupo de influenciadores, existem empresas que possuem um programa de indicação de talentos que, de forma estrutural, incentiva os colaboradores a recomendarem profissionais para os processos de seleção. Algumas organizações, inclusive, oferecem um retorno financeiro ou um reconhecimento por meio de cursos ou outros benefícios para aqueles que indicarem profissionais que, por sua vez, devem superar o período de experiência.

Depois de atraídos os talentos, é chegado o momento de selecioná-los — o que será abordado no próximo capítulo.

5.2.
RECRUTAMENTO E SELEÇÃO

A segunda etapa da
Jornada do Colaborador

Recrutamento e seleção é o processo que busca tanto encontrar candidatos para as vagas existentes e possíveis de existir quanto selecionar o profissional adequado.

No capítulo anterior (atração), o movimento da empresa acontece no sentido de tornar a marca interessante para os profissionais que estão no mercado, empregados ou não. Neste capítulo, o "atrair" acontece a partir do anúncio de determinada vaga.

Neste início de abordagem do processo de recrutamento e seleção, não posso deixar de trazer o conceito de cultura organizacional, pois, além de ser o alicerce para tudo que acontece no ambiente organizacional, é nela que deve ser estruturado o ato de selecionar talentos. Afinal, a percepção que desejamos passar para as pessoas, nessa etapa, é a de que "essa empresa é demais. Tenho que conseguir trabalhar nela" — uma frase símbolo de um candidato vivendo o desafio de conquistar o próximo emprego.

Entretanto, o que faz uma empresa ser "demais" aos olhos de um candidato? O que desperta, no colaborador em potencial, a vontade de trabalhar numa ou noutra empresa? É justamente aí que entra a cultura organizacional.

Os elementos que representam a cultura de uma empresa vêm ganhando espaço e sendo, cada vez mais, enaltecidos nos movimentos de atração e de recrutamento e seleção por conta da visão e da prática do *Employer Branding*, o que acaba se configurando como uma sinalização para que o candidato entenda qual postura e quais comportamentos serão valorizados no momento da escolha.

Da mesma forma, serão os elementos da cultura os balizadores para que a pessoa seja aceita, valorizada e recompensada depois de contratada. Afinal, cultura organizacional é um conjunto de padrões de comportamentos, crenças, conhecimentos e costumes que distinguem uma empresa. Numa abordagem mais simples,

A CULTURA REPRESENTA A ESSÊNCIA E O JEITO DE SER DA EMPRESA.

Essa essência, na maior parte das vezes, é resultado das crenças dos seus fundadores. Contudo, são mantidas diariamente por todas as pessoas que fazem parte da empresa. Cada empregado — e, principalmente, os líderes — ajuda a moldar e a fortalecer a cultura, uma vez que essa consolidação acontece por meio das ações praticadas no dia a dia.

É a cultura que proporciona o senso de identidade — por isso, considero importante que ela esteja presente desde a atração e seja reforçada no momento de recrutamento e seleção por meio dos valores da empresa ou apenas do seu propósito. Refiro-me a elementos que possam ser amplamente refletidos e representados pelos recrutadores, assim como pelos instrumentos por eles utilizados.

A cultura como balizadora

Além disso, a cultura pode ser considerada um "termômetro" para identificar a compatibilidade entre os objetivos do candidato e os da empresa, o que só será possível se houver um processo seletivo planejado e estruturado, em que se respeite cada fase.

Escolher um candidato somente após uma avaliação mais profunda dos dados coletados sobre ele é o que permite maior segurança em relação ao seu desempenho na etapa de retenção, ou seja, no tempo em que permanecerá trabalhando na empresa.

O processo de recrutamento e seleção tem início quando surge a necessidade de preencher uma ou mais vagas na empresa. Trata-se da definição da vaga, da sua divulgação nos canais apropriados e do recebimento de currículos. Sob o ponto de vista do Endomarketing, vale atentar para a maneira como uma vaga é descrita, fator chave na atração — ou repulsão — de bons candidatos. Afinal, é o começo do diálogo entre empresa e candidato.

Hoje, é comum as vagas serem divulgadas por meio das páginas dos recrutadores no LinkedIn e em outras redes sociais. Por isso, as empresas estão incentivando esses profissionais a organizarem suas páginas de forma que evidenciem fatores chave para uma percepção positiva nos candidatos.

Para isso, é importante que a empresa crie argumentos verbais e visuais, a fim de que os recrutadores possam usá-los em suas páginas, tornando-as atrativas e coerentes com a imagem que as empresas nas quais trabalham desejam ter em nível de *Employer Branding*.

Anúncios diferenciados

Os anúncios realizados pelas empresas nas redes sociais e em sites especializados devem ser verdadeiros instrumentos de marketing, ou seja, representarem não apenas a vaga, mas a cultura da empresa e a sua proposta de valor ao colaborador.

Desde que as empresas descobriram o valor do *Employer Branding*, os profissionais de Endomarketing se viram diante de um novo desafio: criar um anúncio de vaga que demonstre quem é a empresa e quais são sua cultura e sua proposta de valor. Ora, é exatamente para isso que existem técnicas e estratégias de marketing, para criar identidades verbal e visual capazes de valorizar qualquer instrumento. Sobre isso, vale lembrar que nem sempre é possível ou adequado abordar esses três elementos (negócio, cultura e proposta de valor) num anúncio só por uma questão de espaço. Assim, a empresa pode escolher focar apenas no seu propósito, incluir a cultura e/ou evidenciar a sua proposta de valor.

Independentemente de o canal de divulgação da vaga ser digital ou *off-line*, um bom anúncio precisa, em primeiro lugar, ser verdadeiro e demonstrar que o relacionamento empresa/empregado será de "ganha-ganha".

Além disso, é preciso ter uma descrição das atividades realizadas e os pré-requisitos de maneira clara e, ao mesmo tempo, comunicar o que a empresa oferece de diferencial ao empregado.

Independente de onde será veiculado, o anúncio de vaga ideal é o equilibrado. Refiro-me àquele que exige e que, ao mesmo tempo, oferece bons diferenciais. Outra sugestão é evitar mensagens com tons extremistas como "para essa oportunidade, é obrigatório...". O ideal é usar expressões como "a gente vai adorar se você tiver as seguintes características ou experiências...", detalhando o que realmente pode fazer diferença para a vaga.

Diante da demanda de selecionar um número maior de pessoas como, por exemplo, para programas de *trainee* ou estágio, as empresas estão começando a investir em campanhas de recrutamento nas quais o argumento e o conceito são muito mais importantes do que o número de peças e canais utilizados.

Para representar isso, cito duas campanhas de recrutamento que impactaram o mercado brasileiro recentemente e que geraram uma série de opiniões e discussões. A primeira foi do programa de *trainee* de uma grande empresa de varejo que buscava exclusivamente profissionais negros em função da escassez de pessoas dessa etnia em cargos estratégicos. A segunda, de uma empresa do setor de aviação que foi uma das primeiras a lançar um programa exclusivo de recrutamento e seleção para profissionais com mais de 50 anos. Com o envelhecimento da população, essa é uma tendência de inclusão que está sendo adotada por muitas empresas. O segundo exemplo citado neste parágrafo foi chamado de "Experiência na Bagagem", e sua campanha foi matéria de capa da revista Você RH.

Outras estratégias

Existem também as ações chamadas de *Inbound Recruiting* (sobre a qual me deterei mais adiante), para a formação de bancos de talentos, cuja técnica é a mesma do marketing de conteúdo quando capta *leads*. Neste caso, cito uma empresa de varejo que escolheu o Dia do Estagiário para lançar o seguinte desafio nas suas redes sociais: quem fizesse um *post* contando os motivos pelos quais desejava estagiar na empresa, seria convidado a participar do evento interno de celebração dessa data e assistiria às palestras dos seus executivos.

Eis, também, outra estratégia que vem sendo usada por algumas empresas: ao anunciar uma vaga para determinada área, solicitam aos seus colaboradores que postem depoimentos contando como é a vida na empresa e convidando as pessoas a se candidatarem.

Diante da dificuldade em recrutar profissionais de tecnologia, alguns *hubs* tecnológicos de empresas varejistas desenvolvem iniciativas de recrutamento que também usam profissionais próprios para gerar e publicar conteúdos de tecnologia, ao mesmo tempo em que convidam as pessoas a se candidatar. Para isso, algumas empresas utilizam, inclusive, *podcasts* protagonizados por membros da diretoria e abertos ao público.

Dentro desse processo existem, também, os portais interativos de cadastro de currículos. Nesses portais, além de espaços para informar dados, planos e expectativas, a empresa divulga os perfis buscados, os planos de carreira, os cursos e as capacitações para que os candidatos possam se preparar para as vagas oferecidas, dentre outros conteúdos. A partir do cruzamento das informações, aparecem as vagas alinhadas ao perfil de cada pessoa.

Os portais interativos

Ao mesmo tempo em que existem portais interativos para facilitar e qualificar o recrutamento e a seleção de profissionais, reunindo e compartilhando o máximo de informações tanto da empresa quanto do candidato, o mercado passou a conviver com uma estratégia de seleção chamada "às cegas", na qual a pessoa não precisa dizer seu gênero ao se candidatar e cujas primeiras entrevistas acontecem por meio digital, porém sem o recurso da câmera.

Essa estratégia veio reforçar a prática da diversidade e da inclusão, demostrando o esforço das empresas em superar o discurso e trazer, para o seu dia a dia, formas de atrair e valorizar as diferenças.

Independentemente do modelo, sempre que o processo de recrutamento e seleção for diferenciado ou inusitado, caberá investir em uma campanha maior que posicione a empresa a partir dessa iniciativa, o que certamente gerará mais resultado.

Dentro da seleção propriamente dita, existe um instrumento muito antigo e cada vez mais valorizado: o currículo e/ou portfólio do candidato.

Se por um lado as empresas estão preocupadas em contratar empregados que tenham o perfil ideal ou próximo dele, por outro, os candidatos também sonham com a empresa perfeita.

Um bom currículo

No âmbito do movimento feito pelas empresas em busca do melhor processo de recrutamento e seleção, estão os bancos curriculares digitais que vêm ganhando espaço e podem ser grandes aliados dos profissionais de Recursos Humanos.

Contudo, mesmo dentro de um contexto digital, as empresas continuam valorizando o currículo bem redigido, que expressa clareza e traz informações relevantes, ou seja, um verdadeiro instrumento de marketing pessoal. Erros de português, redação prolixa e desatenção à estética continuam contribuindo negativamente para que um candidato siga em frente num processo seletivo. O currículo deve trazer dados como o nível de escolaridade e as formações mais diversas, pois demonstram a trajetória do profissional e as áreas nas quais possui interesse.

As transformações vividas pelas empresas nos últimos tempos trouxeram novas necessidades para os recrutadores, que deixaram de se focar somente no grau de escolaridade e passaram a procurar por participações em *workshops*, oficinas, cursos de línguas, publicações e premiações, a fim de perceber a capacidade de construção de conteúdo e a busca por conhecimento em áreas diversas, o que é considerado de grande valor.

Hoje, a pessoa que deseja estar em constante aprendizado não buscará somente títulos de pós-graduação, MBA, mestrado ou doutorado, apesar de isso ainda ser importante e desejável. Da mesma forma, a empresa que não se abrir para talentos diferenciados, não será capaz de atrair profissionais que contribuirão para o seu processo de inovação.

Quanto ao histórico profissional descrito no currículo, acredito ser essa a parte mais enigmática, uma vez que requer análise crítica e capacidade de o recrutador estabelecer uma lógica que acompanhe uma cronologia relacionada com o conhecimento e a formação do profissional. Entendo que somente a partir disso será possível averiguar se o perfil do candidato estará dentro do que a empresa busca — afinal, a cultura organizacional dirá se será melhor escolher alguém monotemático ou se a decisão acontecerá em favor de candidatos multifuncionais, detentores de uma maior diversificação.

Aqui vale ressaltar que o currículo permite uma compreensão do candidato a partir do que ele mesmo escolheu mostrar.

Além da história do profissional, penso ser muito importante a análise da linguagem e da organização do que o currículo estampa. Características como maturidade, foco, criatividade e até mesmo dificuldade de se expressar estão apenas a uma leitura crítica de distância.

A impressão deixada pelo currículo é, portanto, fonte de informação. Aqueles em formatos mais comuns revelam pouco sobre a personalidade do candidato, assim como os formatos mais excêntricos podem demonstrar perfis que farão o possível para se destacar. A opção por um ou outro cabe, portanto, à adequação do candidato à vaga pretendida.

Dentro do objetivo deste livro, que é o de mostrar o quanto o Endomarketing pode estar presente em todas as etapas da Jornada do Colaborador, vale lembrar que todo recebimento de currículo deve ter, como retorno, um agradecimento por parte da empresa, o que pode acontecer por meio de um instrumento diferenciado, demonstrando o quanto as informações recebidas sobre a pessoa serão valorizadas.

Uma das coisas mais relatadas por profissionais que buscam uma colocação, neste momento, é o fato de que enviaram ou entregaram um grande número de currículos sem obter respostas.

O ideal é que a empresa use os diferentes meios de acesso ao candidato (e-mail, telefone, mensagem por WhatsApp ou *inbox* nas redes sociais) para prover retorno, utilizando um texto atencioso e incentivador, pois a busca por colocação ou recolocação é sempre um momento delicado na vida de alguém.

Depois de analisado o currículo, a empresa passa para o momento em que o profissional recrutador estabelece o primeiro contato com o candidato, convidando-o a participar de uma entrevista que poderá acontecer tanto no ambiente presencial quanto no digital.

Esse convite, que no passado era feito por e-mail ou ligação telefônica, hoje também acontece por mensagem de WhatsApp, pois se trata de um meio de acesso e retorno rápido. Para isso, é importante que a empresa crie um *script* que pareça ter sido redigido especificamente para aquela pessoa, a fim de que sua imagem continue sendo positiva aos olhos do candidato. Afinal,

DENTRO DA "HISTÓRIA DE AMOR" DA EMPRESA COM O PROFISSIONAL, O MOMENTO DE RECRUTAMENTO E SELEÇÃO É DE APROXIMAÇÃO E CONQUISTA.

A imagem da empresa continuará em evidência durante a entrevista, oportunidade em que a linguagem corporal e verbal do recrutador, bem como aparência, pontualidade e demonstração de interesse pelo candidato farão toda a diferença. Neste caso, a recíproca é verdadeira, pois o candidato também deverá atentar para esses fatores.

Os entrevistadores devem abrir mão da posição de julgadores para desempenhar a de avaliadores dentro da lógica colocada nos parágrafos anteriores.

Tradicionalmente, as entrevistas podem acontecer de quatro maneiras sobe as quais escolhi não discorrer: estruturadas, semiestruturadas, não dirigidas e dinâmicas de grupos. O que definirá a opção por uma ou outra é o contexto organizacional da empresa e, principalmente, seu objetivo ao selecionar um candidato.

Nesse âmbito, existe todo um espectro que vai desde perguntas roteirizadas à ausência de um plano detalhado por parte do entrevistador. O último modelo de entrevistas, porém, carrega uma peculiaridade se comparado aos demais: numa dinâmica de grupo, é possível avaliar pontos chave dos candidatos, tais como comportamento, estilo de liderança, capacidade de expressão em público, trabalho em equipe e encorajamento de debates.

A importância do *Fit* Cultural

Tendo em vista que as etapas descritas acima remetem ao recrutamento e à seleção de maneira mais tradicional, precisamos ter em mente que estamos vivendo a era da Indústria 4.0, cujo advento trouxe uma ressignificação das relações corporativas. Dentre as muitas consequências, estão a necessidade de adaptação e o ganho da automatização nessa etapa da Jornada do Colaborador.

Na onda das tendências atuais, não posso deixar de citar o chamado *Fit* Cultural, que nada mais é do que o encaixe de um candidato à vaga pretendida. Ou seja, tudo que já tratamos aqui, só que visto sob uma óptica contemporânea.

Hoje, as habilidades de um profissional deixaram de ser as principais condições para a contratação. Um número cada vez maior de empresas passou a atentar para as capacidades pessoais dos candidatos — fatores como objetivos de vida, valores, crenças e comportamentos estão vindo para regular a balança entre as dimensões de um indivíduo.

Assim como os ambientes de trabalho, os traços de personalidade variam muito. O *Fit* Cultural pode ser definido, portanto, como a probabilidade de alguém estar ou não adequado aos princípios de uma corporação. O grande diferencial, na hora da seleção, é o alinhamento entre o candidato e a vaga de trabalho. Uma empresa que faz contratações baseadas no *Fit* Cultural está em busca de: aumento de contratações certeiras, maior desempenho, maior engajamento e mais capacidade de solução de problemas.

Considerando que os *millennials*, hoje, representam quase a maioria dos colaboradores e possuem a tendência de não se manter por muitos anos na mesma empresa, a forma mais assertiva de contornar essa suscetibilidade é focar numa das causas dela: as falhas no momento da seleção. É comum supor que esse processo se encerra quando a vaga é preenchida, ao passo que é fundamental o emprego de avaliações subsequentes a fim de verificar resultados. Isso ajuda a refinar ainda mais a seleção de novos talentos.

Com o objetivo de acompanhar as necessidades das pessoas e das organizações de se manter no ritmo 4.0, uma otimização de Recursos Humanos é essencial e, para tanto, as empresas devem estar por dentro das novas tendências. Além do *Fit* Cultural, é importante abordar a Inteligência Artificial, a Gamificação, o *Inbound Recruiting* e os *chatbots*.

A inteligência artificial

Engana-se quem pensa o presente com olhos do passado. Em matéria de recrutamento e seleção, as opções de utilizar a inteligência artificial são muitas. Hoje, percebe-se a crescente quantidade de empresas que faz o contato inicial com candidatos por meio da automação em entrevistas que usam *softwares* e *machine learning*. Com isso, tornam-se possíveis o cruzamento de dados e a análise de profissionais com mais precisão e agilidade. As mais sofisticadas soluções de inteligência artificial são capazes de assimilar incontáveis informações e formatos de interação para identificar padrões e, dessa forma, elaborar hipóteses a fim de se relacionar com as pessoas.

Mas de que forma isso se torna um atrativo para o candidato em questão? Ora, empresas que fazem uso de inteligência artificial posicionam-se à frente do seu tempo, destacando-se da maioria. O impacto que a imagem dessas empresas causa nos profissionais à procura de ambientes sintonizados com o futuro reside exatamente nessa questão. Entretanto, é importante ter em mente que a inteligência artificial não pode nem deve substituir o elemento humano, e, sim, permitir que ele possa focar em tarefas mais estratégicas enquanto a tecnologia se encarregada da parte operacional.

A gamificação

Ter criatividade nos processos de recrutamento e seleção é entender como personalizá-los. Ideias novas e incomuns podem auxiliar nas diversas etapas, tais como a solicitação de vídeos (especialmente no atual cenário de distanciamento social), a participação de mais pessoas além dos recrutadores e a tendência da gamificação, que garante dinamismo e diversão graças à interação que ela propõe ao candidato.

Embora sua aplicação tenha amplitude, o conceito de gamificação é comum: abordar novas dinâmicas, novos desafios e novas atividades que remetem aos jogos em geral, trazendo à tona uma característica lúdica e despertando os mais variados tipos de raciocínios para a solução de problemas.

Hoje, essa tendência também é vista em atividades de ensino à distância e no processo de aprendizagem de idiomas, além de estar cada vez mais difundida no Endomarketing. Dentre seus principais objetivos, destaca-se a mensuração de qualidades — como cooperação, competitividade, foco, conhecimento, competências e capacidade de solucionar problemas — que podem ser facilmente exploradas, demonstrando as características presentes em cada candidato.

É importante ter em mente que a inovação se qualifica como um importante diferencial para empresas que querem se tornar desejadas pelos profissionais — ou seja, ela é mais um passo na construção de *Employer Branding*. O uso de recursos criativos não só aumenta a visibilidade no mercado, como atrai talentos interessados em ambientes inovadores.

O *Inbound Recruiting*

Conforme já citei, também com a finalidade de tornar os processos seletivos mais assertivos, tem-se utilizado uma metodologia advinda do marketing: o *Inbound Recruiting*, que se fundamenta na maneira de as empresas atraírem, engajarem e contratarem talentos.

Segundo o site de empregos CareerBuilder, o jeito que as pessoas procuram, pesquisam e organizam suas carreiras vem mudando. Desde 2015, mais de 75% dos candidatos passaram a iniciar suas buscas pelo Google. Hoje, é rápido e fácil descobrir como é um ambiente de trabalho, quais vagas estão abertas e, inclusive, quais são as faixas salariais praticadas por determinada empresa.

Isso trouxe um desafio aos profissionais de Recursos Humanos: pensar como "marqueteiros" no sentido de criar experiências mais significativas para os candidatos. É nesse ponto que o *Inbound Recruiting* entra em ação, pois, a partir dessa estratégia, as empresas conseguem se conectar com quem busca novas oportunidades, além de se comprometer com sua rede, proporcionando experiências memoráveis.

Quando afirmo que os profissionais de Recursos Humanos precisam pensar e a agir como "marqueteiros", estou me referindo ao Endomarketing como uma estratégia permanente em todos os movimentos dessa área.

A maior vantagem do *Inbound Recruiting* é a possibilidade de relacionamento com milhares de pré-candidatos simultaneamente, por meio de um banco de dados que os classifica de diversas maneiras. Assim, parte-se do princípio de que uma empresa já está familiarizada com talentos em potencial, ao passo que os próprios candidatos também já conhecem a cultura da empresa, o que os permite fazer sua avaliação antes mesmo de participar do processo seletivo.

Os *chatbots*

Outro recurso que está sendo amplamente utilizado é o *chatbot* disponibilizado nos portais dos processos seletivos para que o candidato possa esclarecer rapidamente todas as suas dúvidas.

São novas técnicas que estão chegando para mudar processos de recrutamento e seleção que, até aqui, o mercado julgava consolidados. Mesmo não havendo essa intenção a princípio, a necessidade e a urgência de adaptação do ambiente corporativo ao ritmo 4.0 é irrefutável. Dentro da Jornada do Colaborador, essa é apenas mais uma etapa a ser estudada e compreendida — a última antes da contratação e da inserção do profissional na empresa pretendida.

Num cenário de *Employer Branding* e do uso de técnicas e estratégias de Endomarketing por parte das empresas, são muitos os exemplos que podem servir de inspiração para os profissionais de Recursos Humanos e que representam uma realidade em todos os segmentos da economia.

Uma indústria do segmento de cervejas lançou, recentemente, uma campanha de seleção para o seu programa de *trainee* cujo modelo interativo previa a realização de um teste de estilo de liderança a partir de situações práticas do dia a dia. O diferencial dessa campanha está no fato de que os candidatos podiam compartilhar o resultado da prática nas redes sociais, gerando mídia espontânea para o programa. Além disso, a página na qual estava concentrada a campanha veiculava diversos conteúdos que contribuíam para que o candidato tivesse sucesso no processo seletivo.

Outro exemplo é uma marca de produtos alimentícios que incluiu, na sua etapa de seleção de gerente de marketing, a criação de um vídeo no TikTok para testar habilidades como criatividade e espontaneidade. Certas empresas, inclusive, passaram a veicular seus processos seletivos nessa rede que, até então, não era considerada para esse tipo de divulgação.

Existe, também, uma empresa de varejo no segmento de moda que realizou um processo seletivo diferenciado, composto por diversos *talks*, palestras e *hackathons*, em que o participante seguia no processo até o final, tendo um mês de aprendizado gratuito com profissionais da área de estilo e executivos da organização. Isso significa que, mesmo não tendo sido selecionado, o candidato recebia um treinamento especial, o que certamente contribuiu para que se sentisse grato em relação à empresa.

Empresas como Facebook, Google e ThoughtWorks têm exposto na mídia as suas práticas — que faço questão de comentar, de forma resumida, neste capítulo.

FACEBOOK - O processo seletivo da empresa varia de acordo com a área de atuação do candidato e tem como objetivo identificar os pontos fortes dos profissionais. Afinal, para o Facebook, aquilo que o candidato gosta muito de fazer é o que o tornará mais produtivo, gerando impacto e felicidade ao trabalhar como colaborador.

O tempo total entre inscrição e aprovação pode levar cerca de três meses, e, por isso, a empresa considera a quantidade de entrevistas e vagas e a disponibilidade do candidato. Existe uma plataforma de carreiras, através da qual os profissionais podem enviar seus currículos, que, posteriormente, são encaminhados para os recrutadores, a fim de que os perfis sejam avaliados. A etapa seguinte consiste numa entrevista por telefone, e, se cumprida de forma exitosa, o profissional estará em processo formal de seleção.

Para o Facebook, o mais interessante é entender as histórias dos talentos, pois contêm seus maiores aprendizados. Dentre elas, tanto as histórias pessoais quanto as profissionais são levadas em consideração. "O Facebook é uma empresa que gosta de boas histórias", afirmam seus executivos.

GOOGLE - O Google tem milhares de colaboradores, todos altamente capacitados, e o seu processo seletivo é diferenciado. Conhecida mundialmente pela capacidade de inovação, a empresa aposta num ambiente de trabalho que visa ao desenvolvimento da criatividade entre os profissionais.

A importância da criatividade reflete-se na hora de selecionar talentos, uma vez que os recrutadores lançam mão de perguntas inesperadas com o objetivo de testar a capacidade e as reações dos candidatos frente ao imprevisível — ou seja, situações em que a criatividade é testada.

Outras perguntas, relativas à função e ao mercado, também avaliam o candidato quanto ao conhecimento do próprio Google e da situação em que a empresa está inserida. Por fim, questionamentos que revelam se há mesmo *Fit* Cultural entre o profissional e o Google são colocados na mesa.

A empresa busca, para todos os seus cargos, o perfil de liderança a fim de que, mesmo em trabalhos de equipe, variadas soluções possam ser propostas. Por isso, é imprescindível haver senso de engajamento e iniciativa. Além disso, habilidades cognitivas e competências técnicas estão no foco da empresa. Conhecimentos avançados de inglês, por se tratar de uma organização sem fronteiras, também são colocados à prova em dinâmicas de grupo realizadas nesse idioma.

Assim, toda a preocupação que a empresa tem com relação ao perfil dos candidatos é fundamental para que se mantenha alta a probabilidade de contratante e contratado crescerem e prosperarem juntos.

THOUGHTWORKS - Utilizando as palavras da própria empresa, "quando se trata de entrevistar, priorizamos resultados em vez de processos. Acreditamos que a experiência deva ser colaborativa e agradável. Os atributos e a credibilidade de um candidato significam, para nós, mais que seu currículo".

A ThoughtWorks começa com essa apresentação na área dedicada à seleção de novos talentos em seu site, e, juntamente, informa que todo o processo não passa de três fases de entrevista — embora cada uma possa ter várias etapas. Além disso, a empresa almeja contratar as pessoas certas para seus projetos na medida em que avalia potenciais de aprendizagem e crescimento.

Como preparo para a seleção, existe um rol de dicas destinadas aos candidatos que descrevem a própria empresa e os perfis desejados por ela, tais como: não haver preocupações em ser nada mais, nada menos, do que si mesmo; interesse maior da empresa pelas ideias do profissional do que por um currículo perfeito; pensamento além da tecnologia; e o orgulho em cultivar uma comunidade inclusiva e vibrante de "ThoughtWorkers" que espera fazer sentido para o candidato quando este a conhecer.

Esses exemplos nos mostram que está havendo um esforço do mercado no sentido de sair dos processos de entrevistas considerados lentos e inconsistentes, pois tudo que uma empresa precisa é de pessoas dotadas de qualidades e habilidades diversas — além, claro, da genuína vontade em querer integrar sua equipe.

Entretanto, uma das principais queixas das pessoas ainda é a falta de retorno por parte da empresa durante os processos seletivos. Mesmo com tantas novidades e recursos disponíveis, as empresas ainda falham em não dar *feedback* em todas as etapas do processo. Refiro-me a estabelecer uma conversa com o candidato, incluindo aqueles que se inscreveram, mas não tiveram seus currículos considerados aptos para a vaga. Hoje, existem muitas ferramentas que servem para automatizar esses retornos.

Empresas mais evoluídas nessa questão praticam o retorno sistemático em todas as fases, personalizando o contato, inclusive dando dicas ou informações sobre o que pode ser melhorado para as próximas etapas, além de mensagens de incentivo àqueles que forem dispensados.

Algumas empresas enviam uma mensagem do presidente para os candidatos, agradecendo por estarem participando da seleção e informando que o processo se encontra em andamento. Essa mensagem também pode ser do diretor de Recursos Humanos ou do diretor da área para a qual o profissional está sendo selecionado. Geralmente são mensagens enviadas por WhatsApp.

Sobre o uso do WhatsApp em processos seletivos, considero importante citar que a Gupy desenvolveu uma nova funcionalidade em seu produto, chamada "Extensão WhatsApp". À medida que a pessoa está participando da seleção, ele pode receber notificações diretamente em seu celular. Dessa maneira, informações essenciais sobre o processo seletivo chegam com mais facilidade ao candidato.

Além de mensagens, certas empresas enviam seus produtos para a casa do candidato, assim estabelecendo o começo da relação daquele indivíduo e da sua família com a marca, estabelecendo, portanto, uma maior proximidade com a empresa.

Um *tour* pela empresa

Outra estratégia de Endomarketing é a de realizar um *tour* dos candidatos pela empresa, a fim de que eles possam se imaginar trabalhando em seus ambientes. No caso de essa estrutura ser aclimatada com elementos culturais, o candidato sairá do *tour* ainda mais conectado com a empresa.

O depoimento seguinte, que encontrei num post do LinkedIn, retrata exatamente isso: "Quando eu estava em processo de entrevista para a abertura do escritório da Disney no Brasil, fiquei impressionado com a cultura da empresa desde o início da conversa. Mas houve algo que me cativou desde a primeira entrevista que fiz em Orlando, Flórida. Só para vocês terem uma ideia, entre entrevistas por telefone e visitas presenciais, foram mais de 30 num período de quase 6 meses. E adivinhem qual foi o elemento que mais me chamou a atenção desde o primeiro dia? Em todas as salas que eu entrava, sem exceção, havia uma frase do Walt Disney num quadro. Ali, me apaixonei perdidamente pela cultura da empresa. Essa frase me fez querer saber mais sobre ele e sua filosofia, gerando, como consequência, meus vários livros e artigos sobre legado, metodologia e liderança Disney. A frase é: 'você pode desenhar, criar e construir o lugar mais lindo do mundo, mas são necessárias pessoas para fazer do sonho uma realidade.'"

Esse post me fisgou por três motivos: porque reflete o encantamento provocado pelo contato com a cultura; porque eu mesma defendo a estratégia de ambientar a empresa com a sua história, suas crenças e seus valores; e porque escolhi apresentar meu primeiro livro sobre Endomarketing, editado em 1994, justamente com essa frase do Walt Disney.

Sobre o contato do candidato com o ambiente físico, é importante ressaltar que empresas com sede no exterior ou muitas unidades poderão realizar o *tour* de forma digital por meio da realidade aumentada. O mesmo serve para este momento de distanciamento social.

Ainda sobre ambientação, uma estratégia que considero interessante para a etapa de seleção e recrutamento é usar adesivos nas paredes das salas de entrevistas com a proposta de valor ao colaborador. Imaginem o impacto disso num candidato sendo entrevistado e, ao mesmo tempo, surpreendido por tudo que a empresa oferece de bom aos seus colaboradores em nível de benefícios, incentivos e desenvolvimento.

Acredito que não existem limites em relação àquilo que pode ser criado para a experiência do candidato, durante a seleção, permanecer na sua memória afetiva, independentemente de ele ser contratado ou não.

Contudo, o Endomarketing não está somente na criação e no uso de canais, campanhas, instrumentos e ações. Essa é uma disciplina que começa e se sustenta na atitude dos profissionais envolvidos.

Durante a etapa de seleção, é imprescindível que a empresa fique atenta às regras de etiqueta. Não é apenas porque está avaliando alguém que pode, por meio de seus recrutadores, vir a desrespeitá-lo. Exemplo disso é uma prática que, devido à pandemia Covid-19, tornou-se, se não mais difundida, ao menos mais divulgada: a de acionar e desejar que candidatos atendam a processos seletivos em dias como o domingo ou em turnos fora do horário comercial.

Quando isso acontece, a desconsideração já tem início no processo de seleção. A partir daí, o que os candidatos podem esperar da vaga de trabalho que almejam? Qual imagem passarão a ter da empresa? A comunicação deve, portanto, ser sempre clara e respeitosa. Ora, os candidatos empreendem tempo, energia, motivação e esperança quando passam por processos seletivos — ou seja, é somente natural que haja estima também da parte recrutadora.

Mas não só de maus exemplos nossos *feeds* são alimentados: no próprio LinkedIn, há uma gama de histórias que, embora desajeitadas no começo, atingem o clímax através de grandes aprendizados. Já vi empresas terem suas imagens ameaçadas, e só a partir disso (ou mesmo por causa disso) conseguirem dar um passo além e sair na frente da concorrência. Hoje, inclusive, vejo surgir uma inovação nos processos seletivos, que é a de pagar por entrevistas com os candidatos. Afinal, trata-se de uma maneira de compensar tempo, esforço e eventuais gastos que as pessoas possam ter, como transporte até a sede da empresa, por exemplo.

Segundo o relatório da HR Thinking 2019, candidatos que passaram por experiências positivas durante o processo de seleção tiveram as seguintes percepções:

- 62% afirmaram que o seu relacionamento com a marca irá aumentar — não só como possível marca empregadora, mas também como consumidores finais dela.

- 78% indicaram a empresa para pessoas próximas, disseminando a boa experiência.

- 62% deles disseram que voltariam a se inscrever, mesmo sendo reprovados (neste caso, os candidatos deram valor à forma como foram tratados e entenderam que não foram aprovados porque não eram adequados à vaga).

Esses dados mostram o quanto o Endomarketing pode e deve estar presente na etapa de recrutamento e seleção. Entretanto, a minha abordagem sobre essa etapa não termina aqui, pois as empresas também consideram seus próprios empregados para as vagas, o que é uma maneira de valorizá-los e proporcionar oportunidades de carreira. Com isso, se estabelece uma relação de "ganha-ganha" entre a empresa e o empregado, pois, se de um lado são pessoas familiarizadas com a cultura, o clima organizacional, os programas e os processos internos, de outro, são oportunidades de deslocamento vertical ou lateral proporcionadas pela empresa.

Ainda como pontos positivos do recrutamento interno, vale ressaltar a rapidez e a economia de custos. Contudo, não basta contemplar os próprios colaboradores no processo de seleção. Uma atitude de Endomarketing é oferecer a vaga primeiro para dentro, ou seja, antes de divulgá-la ao mercado.

Para isso, algumas empresas criam anúncios a serem veiculados nos seus canais de Comunicação Interna com os mesmos argumentos usados nas abordagens externas.

> *EMPLOYER BRANDING NÃO PRESSUPÕE APENAS O QUE FAZ UMA PESSOA QUERER TRABALHAR NUMA DETERMINADA EMPRESA, MAS TAMBÉM O QUE FAZ UM EMPREGADO QUERER CONTINUAR TRABALHANDO NELA.*

5.3. CONTRATAÇÃO

A terceira etapa da Jornada do Colaborador

A **etapa de contratação** começa no momento em que determinado profissional é escolhido para a vaga em questão. Do anúncio publicado ao final da seleção, passando pelo recebimento e pela análise de currículos, existe uma série de ações que têm como objetivo alcançar candidatos nivelados com as exigências da vaga e com características que permitirão um alinhamento rápido à cultura organizacional da empresa. A partir daí, entra o momento da contratação.

Em nível de Endomarketing, essa é uma etapa que permite poucas interações entre a empresa e o empregado em função da rapidez com que acontece.

A notícia

De qualquer forma, faz-se necessário abordar essa ocasião tão importante na vida de um profissional: o momento quando ele ouve de um recrutador "parabéns, você está contratado". É a partir dessa mensagem verbal que começa a ser construída a percepção que a empresa deve gerar no novo empregado na fase de contratação, quando ela deseja que ele pense: "Nem comecei a trabalhar e já estou me sentindo importante".

Os motivos para uma contratação são muitos. Se por um lado podem existir empregados ociosos que geram prejuízo financeiro e atrapalham aqueles que estão trabalhando, por outro, pessoas sobrecarregadas não têm tempo de pensar e inovar, e a falta de espaço para pensamentos renovados significa prejuízo para qualquer empresa. Também a arte de pensar o tamanho da equipe deve fazer parte do dia a dia de um líder, pois isso contribui para manter o negócio competitivo e lucrativo.

Quando uma empresa começa a expandir o seu núcleo de empregados, é comum levar em consideração alguns pontos de onde quer partir e, também, aonde pretende chegar. Nesta etapa, mais uma vez os elementos da cultura, especialmente valores e comportamentos, devem se fazer presentes para que comecem a pulsar na mente do novo empregado.

Dessa forma, ele terá certeza quanto ao tipo de profissional que a empresa espera que seja antes mesmo de os primeiros desafios lhe serem apresentados. Afinal, quando alguém é contratado por uma organização, é porque ela aprecia sua maneira de pensar — e, havendo alinhamento moral, as soluções individuais irão ao encontro dos valores coletivos. Acredito que a construção da autoestima do empregado tenha início exatamente nesse momento.

A ansiedade natural

Conquistar um novo emprego traz um sentimento de empolgação. O candidato — agora empregado — sente-se apreciado, digno de confiança e vislumbra novas oportunidades, ou seja, é o início de uma nova etapa de vida. Contudo, o que deveria ser um momento glorioso também pode não sair como planejado, e isso se deve, principalmente, à ansiedade. Embora natural, esse sentimento é capaz de se tornar fonte de esgotamento físico e mental, já que fatores como o desligamento de um antigo emprego e a expectativa em relação ao novo contribuem para um alto nível de estresse.

Diante disso, é importante que a empresa mantenha o candidato longe da zona de insegurança. A mensagem a ser transmitida, quando alguém é efetivado, é a de que essa pessoa é boa no que faz e passou tal imagem ao longo de todas as etapas do processo de recrutamento e seleção. Houve consistência e perseverança por parte do candidato, e transmitir essa percepção da empresa a ele, com certeza, poderá ajudá-lo.

Mas como fazer isso? Abaixo relato alguns instrumentos e ações que farão do momento de contratação uma experiência saudável tanto para o novo empregado quanto para a empresa.

- Hoje, na busca por talentos, é comum as empresas acessarem profissionais que estão empregados, convidando-os a participarem do processo de seleção. Neste caso, é importante que a empresa tenha uma carta-proposta bem formatada, pois isso aumenta consideravelmente as chances de o profissional aceitar. Para tanto, sugiro construir um texto alicerçado na proposta de valor e utilizar uma identidade visual focada na marca que ele passará a representar no caso de aceitar a proposta.

- Ao dar a notícia, o recrutador deve elencar os motivos pelos quais a pessoa foi contratada, trazendo características que fizeram seu perfil ser considerado positivo e adequado à vaga. Assim, o novo empregado começará a se sentir importante para a empresa.

- Nos últimos tempos, não foram poucas as empresas que modificaram a forma de comunicar a contratação de um empregado, utilizando desde o envio de um bolo para a residência da pessoa até uma videochamada com toda a equipe para lhe dar as boas-vindas.

- Logo após a comunicação da contratação pelo recrutador, o líder da área em que o novo empregado irá atuar poderá enviar uma mensagem de voz pelo WhatsApp, dizendo a ele que participou da escolha e que está feliz com a sua contratação. Isso servirá para que o líder comece a estabelecer uma relação de proximidade com o seu novo liderado.

- Quando a contratação é para um cargo de liderança, algumas empresas enviam uma mensagem de WhatsApp personalizada do presidente ou do diretor de Recursos Humanos dando as boas-vindas ao novo empregado, podendo inclusive ser um vídeo. Obviamente, o ideal seria fazer o mesmo para todas as pessoas contratadas, independente de cargo ou função. Entretanto, sabemos que, em grandes empresas, isso se torna bastante difícil. Uma boa solução pode ser uma mensagem escrita que já esteja pronta e possa ser enviada pela área de Recursos Humanos.

- Hoje, é comum a empresa enviar para a residência do novo empregado, antes do primeiro dia de trabalho, o seu crachá, assim como o endereço de e-mail e o *link* de acesso à rede social interna, caso a empresa utilize esse canal.

- A resposta negativa após um processo de seleção também deve ser bem elaborada, representando respeito e gratidão da empresa pela participação do profissional no processo. O texto, neste caso, deve dizer que outras oportunidades existirão e que a empresa ficará feliz se puder contar com uma nova participação do candidato, passando a ideia de que as "portas continuarão abertas", além de desejar sucesso a ele.

- Como agradecimento pela participação dos profissionais não contratados, algumas empresas de varejo costumam enviar um cupom de desconto em suas lojas. Empresas do segmento industrial podem enviar um pequeno mimo que tenha relação com a sua marca ou com o produto que fabrica. No segmento de serviços, dependendo do perfil da empresa, é possível disponibilizar uma experiência que permaneça para sempre na memória do candidato.

Além desses instrumentos e dessas ações, muitos outros podem ser pensados para que, independentemente de a pessoa ter sido contratada ou não, a empresa consiga expressar a sua essência.

A verdade é que deixar a insegurança para trás requer a superação de barreiras por parte do profissional no momento da sua contratação. Para amenizar o estresse tão comum nessa situação, é preciso que as empresas se esforcem no sentido de proporcionar experiências que façam a pessoa se sentir única.

Igual a si mesmo

Defendo a ideia de que o colaborador deva ser tratado como um indivíduo, o que precisa começar na etapa de contratação, já que na seleção existem várias pessoas participando do mesmo movimento. É a partir da escolha por parte da empresa que um profissional deve passar a ser único para ela.

A palavra indivíduo é uma tradução latina do átomo grego de Demócrito, "o que não pode ser dividido". Já Boécio definia indivíduo como multiplamente aplicável: "o que não pode ser subdividido, de modo algum, como a unidade ou o espírito; o que, por sua solidez, não pode ser dividido, como o aço; o que, tendo predicação própria, não se identifica com outras semelhanças".

Quando, no cotidiano, há referência ao indivíduo, também transparece a ideia de unicidade. Quando alguém nos pede "respeite a minha individualidade", parece dizer "repare, sou diferente de você e quero ser visto como tal".

Ser um indivíduo é, portanto, ser igual a si mesmo e diferente do outro.

Nos meus últimos livros, tenho reforçado essa questão, pois o marketing direto está cada vez mais especializado em atingir diretamente o indivíduo plural, múltiplo e complexo. Neste caso, não há um padrão, mas muitos padrões, tantos quanto indivíduos.

CADA INDIVÍDUO É UM PADRÃO.

Ao abordar esta etapa da Jornada do Colaborador, não posso deixar de registrar que, no ano de 2020, alguns paradigmas foram e estão sendo quebrados no ambiente corporativo no que se refere à recontratação de empregados.

A volta da recontratação

Muitas empresas, especialmente no início da pandemia Covid-19, tiveram que demitir profissionais que, num outro cenário, não dispensariam. Com o passar dos meses, algumas dessas empresas sentiram a necessidade de voltar a contratar e foram em busca dos mesmos profissionais não apenas por uma questão de responsabilidade social, mas também para não ter despesas com treinamento.

Isso significa que a recontratação de pessoal, antes proibida em muitas empresas, está sendo reconsiderada, o que vejo com bons olhos. Infelizmente, a pandemia Covid-19 gerou demissões que não foram decorrentes de as pessoas não se adequarem mais às necessidades da empresa, o que torna justa uma abertura maior do mercado para recontratações.

Obviamente, quando essa prática é considerada, deve-se levar em conta o histórico do empregado e analisar os motivos do desligamento. Somente a partir da identificação do tipo de rescisão contratual havido é que podem ser avaliados, pelas áreas jurídica e de Recursos Humanos, os procedimentos que precisam ser colocados em prática.

Ao abordar esse assunto, minha intenção é a de mostrar que

A RECONTRATAÇÃO PODE SER CONSIDERADA UMA ESTRATÉGIA DE ENDOMARKETING,

pois os comportamentos de ambos os lados evidenciam a preocupação e o respeito da empresa pelo seu público interno.

O "aceitar profissionais que já trabalharam nela", por parte da empresa, e o "aceitar voltar para uma empresa da qual já foi colaborador", por parte da pessoa, são indícios positivos de que essa empresa seja um bom lugar para trabalhar.

5.4. INTEGRAÇÃO

A quarta etapa da Jornada do Colaborador

A **etapa de integração** ou *onboarding,* como é chamada pelo mercado neste momento, resume-se ao período no qual a pessoa vive o seu primeiro dia/semana/mês como colaborador de uma empresa. É o momento no qual o empregador precisa fazer o seu novo empregado se sentir em casa. Mais do que isso, é a oportunidade que a empresa tem de iniciar a relação proporcionando experiências positivas.

Exatamente por marcar o início da relação empregador/empregado, o momento da integração ganhou uma importância muito grande nos últimos tempos, tornando-se um processo ímpar dentro da Jornada do Colaborador. Compreender e planejar corretamente essa jornada é um excelente caminho para obter um ROI (Retorno Sobre Investimento) positivo no âmbito das novas contratações.

O real começo

Verdadeiramente, o processo de integração começa antes do primeiro dia do novo contratado no ambiente de trabalho. Uma vez que o contrato esteja assinado, já houve a concretização de algo crucial na vida do empregado — ele decidiu embarcar numa jornada, e a empresa é o palco dela.

É bastante óbvio que, de maneira análoga aos relacionamentos amorosos, existe um período de lua de mel entre as duas partes. Isso significa que prever o término dele — ou seja, quando houver a real iminência do cotidiano normal de trabalho — pode contribuir fortemente para que a empresa minimize um possível desencantamento.

Mas o que, então, deve-se fazer para prevenir as falhas que, efetivamente, podem ser evitadas? Ora, o início de um processo de integração deve ser usado para aclimatar o novo empregado. É a hora de torná-lo parte de tudo. No período entre a contratação e o primeiro dia, convites para confraternizações e eventos são bem-vindos, assim como para as diversas plataformas que a empresa utiliza na sua comunicação (intranet, rede social interna, Slack etc.).

A QUESTÃO É ABRIR AS PORTAS E ESTENDER O CONVITE AO RECÉM-CHEGADO, MESMO SEM QUE ELE TENHA CHEGADO EFETIVAMENTE.

Quanto maior a janela temporal entre a assinatura do contrato de trabalho e o início das atividades do empregado, mais importante se faz esse "real começo".

Portas adentro

As inseguranças de um novo empregado começam antes mesmo de ele entrar na empresa e são, geralmente, uma mistura de sentimentos em direção a não saber ao certo como agir e a possível falta de clareza sobre o que a empresa espera dele. Isso é algo que precisa ser enfrentado pela própria pessoa até que chegue o primeiro dia, momento a partir do qual a responsabilidade de amenizar esse tipo de angústia passa a ser, também, um dos desafios do seu líder direto.

Neste ponto, preciso trazer novamente um aspecto muito importante: a cultura. É no período de *onboarding* que o novo empregado se torna um tipo de esponja, observando e absorvendo tudo aquilo com que se depara em nível de informação.

A CULTURA PRECISA ESTAR PRESENTE DESDE A ETAPA DE ATRAÇÃO,

ou seja, todo conteúdo que a empresa divulga ou que é publicado sobre ela pelos seus colaboradores pode e deve representar a sua cultura. Entretanto, é na fase de integração que ela começa a "colar" na pessoa. É exatamente por isso que algumas empresas usam o que eu chamo de "estratégia do primeiro e-mail": assim que o novo empregado abre o seu computador, o primeiro e-mail que ele deve receber é do presidente ou do diretor de Recursos Humanos da empresa, falando sobre propósito, missão, visão e valores. É, portanto, na integração que a empresa deve começar a moldar o novo colaborador à sua cultura organizacional.

Se por um lado escolhi abrir este capítulo atentando às "inseguranças" vividas por uma pessoa ao começar a trabalhar numa empresa, por outro guardei para este momento os sentimentos positivos: começar a trabalhar numa nova organização é, para a maioria das pessoas, algo muito emocionante. A mente de um novo colaborador está povoada não apenas de expectativas e ansiedades, mas principalmente de sonhos e esperanças acerca das oportunidades que aquela empresa pode apresentar à sua vida. A mente do novo colaborador está, acima de tudo, curiosa. E pessoas curiosas prosperam nos recursos oferecidos a elas.

Embora isso pareça o Endomarketing do passado (aquele focado em brindes), a empresa que experimentar entregar ao novo colaborador uma camiseta, um crachá customizado, uma caneca, um caderno, adesivos com a marca da empresa etc., verá um potencial porta-voz ou influenciador tomar forma. Isso acontece porque ele não está apenas animado por estar começando a trabalhar numa nova empresa —

ELE ESTÁ ANIMADO POR PODER REPRESENTAR UMA MARCA E FAZER PARTE DELA.

Durante a pandemia Covid-19, muitas empresas continuaram contratando e, com isso, as redes sociais estiveram repletas de pessoas recém-admitidas mostrando a maneira como foram recebidas, mesmo em *home office*. Neste caso, além dos itens citados, algumas empresas enviaram para as casas dos novos colaboradores *kits* de café da manhã e de *happy hour*, provocando uma energia muito favorável ao engajamento inicial.

Existem muitas formas de seduzir e encantar uma pessoa no momento da sua integração ao time. E, já que usei a palavra time, quero citar como a GOL Linhas Aéreas integrou novos estagiários ao seu "Time de Águias" — é como ela chama, no coletivo, os seus colaboradores. A GOL embarcou os novos estagiários num voo do aeroporto de Congonhas (SP) até o de Confins (MG) para conhecer o Centro de Manutenção da empresa. Durante o voo, os estagiários puderam ouvir relatos dos líderes envolvidos no processo sobre a empresa. Acredito que esses jovens, independente de continuarem ou não na GOL após o estágio, jamais se esquecerão desse dia.

Entendo que o presencial tem um potencial de envolvimento maior. Contudo, vivemos um momento em que o digital precisa ser considerado e o desafio está exatamente na criatividade e na capacidade de surpreender as pessoas mesmo à distância.

Por vezes, em função do tamanho da empresa, o digital é o único caminho. Mas isso não quer dizer que o processo tenha que ser óbvio. Para uma das maiores universidades do país, a Happy criou um *onboarding* gamificado, utilizando a plataforma Kahoot, especializada em jogos, na qual propusemos dividir os novos colaboradores em *squads* para a aplicação de um *quiz* simultâneo em cada módulo da integração. O *ranking* era gerado em tempo real pela plataforma e, no final da integração, a equipe vencedora ganhava um *welcome kit* especial.

A integração de vários colaboradores ao mesmo tempo

Muitas vezes, a empresa precisa promover a integração de vários colaboradores ao mesmo tempo. Neste caso, as plataformas e os *games* podem ser uma estratégia bastante eficaz. O ideal é que o digital seja complementado pelo presencial. A empresa pode, por exemplo, identificar as pessoas por um número, uma cor ou qualquer outro elemento, estimulando que sejam realizados encontros periódicos entre colaboradores que já tenham participado do mesmo processo para que continuem interagindo e compartilhando experiências mesmo depois dessa etapa. Assim, podem ser iniciadas relações de amizade entre as pessoas, o que é positivo para a empresa. Outra estratégia simples, mas muito válida, é entregar uma foto do grupo a cada participante.

Conheço uma empresa que costuma realizar um desafio durante o seu *onboarding* para que os novos colaboradores montem projetos com possíveis soluções, a fim de que experimentem uma imersão na estratégia do negócio. No final dessa integração, os grupos são convidados a apresentar suas soluções para um comitê de colaboradores que já estava na empresa há bastante tempo.

Um processo consolidado e eficaz de *onboarding* pode favorecer significativamente a etapa de retenção que será abordada no próximo capítulo. Frente a isso, a empresa necessita fazer da integração um dos momentos mais especiais da jornada — e é exatamente aí que entra o Endomarketing com tudo aquilo que pode ser planejado, criado, produzido e implantado.

Porém, antes de entrarmos em instrumentos e ações, quero lembrar que Endomarketing é, antes de tudo, uma questão de atitude. E, para que as atitudes por parte da empresa sejam adequadas e produzam os resultados desejados, nada melhor do que transformá-las num processo estruturado e devidamente respeitado. Isso inclui não apenas os profissionais de Recursos Humanos, mas também os líderes que receberão novos integrantes em seu time.

A seguir, enumero algumas estratégias que podem compor o processo de integração, tornando-o uma experiência que permanecerá na memória e no coração da pessoa que está sendo recebida.

- **Customizar o crachá do novo colaborador.** Quando me refiro à customização do crachá, quero chamar atenção novamente para o tratamento da pessoa como indivíduo, valorizando tudo que ela é (e não apenas no âmbito profissional). O primeiro passo para isso é saber como a pessoa deseja ser chamada. Meu nome é Analisa, mas, no meu crachá da Happy, consta apenas "Ana" e, abaixo do meu nome, está a expressão "pianista", que retrata o meu *hobby*. No crachá da Angélica (*planner* da Happy que participa deste livro), abaixo do seu nome, está a expressão "mãe da Ana Luiza", pois ela teve um bebê há pouco tempo.

- **Enviar o crachá para a casa do colaborador**, a fim de que o seu ingresso na empresa, no primeiro dia, seja facilitado. Para isso, o crachá deve estar devidamente registrado no sistema.

- **Enviar um cartão, juntamente com o crachá**, contendo o horário em que o novo colaborador será esperado na empresa e o nome da pessoa que deverá procurar. Existem empresas que determinam um horário diferenciado para que os novos colaboradores cheguem no seu primeiro dia de trabalho, evitando que isso aconteça no momento em que todos estejam entrando, o que pode tornar a experiência confusa.

- **Colocar, nesse mesmo cartão, dados importantes** dos quais o novo colaborador precisará imediatamente, como o seu endereço de e-mail e o link para acesso na intranet, na rede social interna e em outros sistemas de comunicação utilizados pela empresa.

- **Preparar a mesa do novo colaborador** com o computador que ele irá usar. Nessa mesa, o ideal é que seja deixado um mimo que represente a marca da empresa, como uma caneca, um porta-lápis ou um peso para papel. Algumas empresas chegam a entrar em contato com alguém da família para solicitar uma foto do colaborador com cônjuge, filhos, animais de estimação etc., e a expõem num porta-retratos sobre a mesa.

- **Entregar um cartão de boas-vindas assinado por toda a equipe**. Afinal, além do líder, é muito importante que o novo colaborador seja recebido e acolhido também pelos seus colegas. Esse cartão pode ser fornecido pela empresa ou criado pelos próprios colaboradores, o que terá um valor ainda maior.

- **Preparar o computador com todos os *softwares*** de que o novo contratado necessitará para exercer a sua função e fazer o seu trabalho. Nesse computador, é importante que haja um adesivo com o contato do *"help desk"* para quando a pessoa precisar de suporte.

Um dos pontos mais críticos do processo de integração é a parte tecnológica. Penso que de nada adianta uma empresa impressionar com várias ações de *onboarding* se, na hora de acessar os sistemas, o colaborador não conseguir fazê-lo ou for mal atendido pela área de Tecnologia da Informação (TI). Um *e-book* ou um manual impresso com todo o processo detalhado, acompanhado de um treinamento específico para cada colaborador, pode amenizar ou zerar os problemas com os quais quem está chegando costuma se deparar.

Esses são os principais cuidados relacionados com a estrutura necessária para receber um novo colaborador. Se acompanhados de mais alguns detalhes, podem fazer toda a diferença em nível de acolhimento.

Os detalhes aos quais me refiro são:

- **Informar ao líder que ele receberá um novo colaborador na sua equipe**, orientando-o sobre o processo de integração que será seguido.

- **Solicitar ao líder que informe aos demais membros da equipe** a entrada do novo colega.

- **Eleger um membro da equipe (padrinho) para acompanhar o novo colaborador** na primeira semana de empresa, o que implica, inclusive, convidá-lo para almoçar e o apresentar a outras pessoas da empresa.

O programa de apadrinhamento, utilizado por muitas empresas, está se tornando cada vez mais importante, mesmo em processos digitais de *onboarding*. Eleger uma pessoa da equipe para estar próxima e acompanhar o novo colaborador desperta sensações de amparo e segurança. Além disso, evita que ele precise solicitar ajuda para questões operacionais ao seu líder imediato, o que pode constrangê-lo.

Até aqui, abordei o ínterim entre a contratação e o primeiro dia na empresa, focando no momento em que o novo colaborador chega na sua área de trabalho e passa a conviver com o líder e os colegas.

ENDOMARKETING É UMA RESPONSABILIDADE DA EMPRESA,

ou seja, cabe a ela preparar uma integração institucional/corporativa que anteceda a chegada da pessoa ao local onde ela exercerá as suas funções.

Neste caso, não pretendo me deter apenas nas estratégias digitais, pois acredito que nada supera a integração presencial. Da mesma forma, acredito que os processos presenciais a seguir possam ter versões digitais.

Como estratégias que estou chamando de institucionais/corporativas, considero importantes:

- **Preparar uma recepção conceitual** por meio da qual a pessoa se depare com o propósito da empresa e os conceitos que representam pertencimento por meio de uma ambientação "instagramável". Assim, o novo colaborador poderá interagir, fazer fotos/*selfies* e compartilhar a experiência nas suas redes sociais.

    Para alguns dos nossos clientes, criamos *backdrops* com plaquinhas divertidas (por exemplo, "Mãe, eu tô na GOL") que se tornam objetos de desejo entre os participantes. Elas funcionam, principalmente, quando a marca é cobiçada no mercado como empregadora. Afinal, entrar numa empresa assim é a realização de um sonho, e as pessoas fazem questão de registrar esse momento. Para integrações no ambiente digital, temos criado filtros para *stories* e *stickers*, além de outras interações.

- **Realizar um ritual de integração**, que pode ser um café da manhã ou uma tarde seguida de coquetel, a fim de promover não apenas informações sobre a empresa, mas também a interação entre as pessoas.

    Nesse evento, são essenciais as seguintes ações: discurso de boas-vindas do presidente de forma presencial ou por vídeo (o ideal é que seja focada na cultura da empresa); apresentação do diretor de Recursos Humanos que exponha os benefícios e os incentivos; depoimentos de colaboradores que estão há bastante tempo na empresa, contando como é trabalhar nela; além de outras informações rápidas relacionadas às regras de segurança e *compliance*.

Neste caso, considero importante alertar para "o que não fazer", lembrando que as pessoas não se sentirão encantadas e acolhidas se passarem um dia ou um turno inteiro assistindo a profissionais explicarem sobre como funcionam as suas áreas por meio de apresentações em PowerPoint longas e pouco atrativas. Tais informações podem, isto sim, ser repassadas por meio de programas de *e-learning* ou de *games* num segundo momento da integração.

O evento de acolhida também pode ser digital, no qual um apresentador e o uso de vídeos diversos contribuirão para tornar a experiência leve e prazerosa. Neste caso, o café da manhã ou o coquetel deve chegar à casa do novo colaborador em forma de *kit* com a marca da empresa e um cartão de boas-vindas assinado pelo presidente.

Para apresentar e tangibilizar a cultura da empresa, uma boa estratégia é produzir um vídeo-manifesto que seja encerrado com depoimentos de líderes e colaboradores de base sobre valores e comportamentos. Depois de compartilhar esse material, sugiro promover um bate-papo entre os participantes para que verbalizem suas impressões acerca da cultura que estão conhecendo.

Outra estratégia que vale sugerir para esse evento é um momento "bate-bola" ou "Ping Pong" com o presidente ou o diretor de Recursos Humanos para que os participantes possam fazer perguntas e obter respostas.

- **Proporcionar uma experiência com o produto ou o serviço** da empresa como continuidade do ritual de acolhida, que deve acontecer no mesmo dia ou no seguinte. Muitas empresas possuem lojas internas ou espaços de exposição de produtos abertos à visitação. Essa experiência pode ser, também, vivenciar um dia de trabalho no ponto de venda ou a entrega de um *voucher* para que o novo colaborador adquira um dos produtos da empresa de forma *on-line*.

- **Entregar um manual impresso ou *e-book* de boas-vindas**, para que o colaborador leia e mantenha consigo. Nele, devem estar informações importantes, que podem ser divididas nos seguintes capítulos:

    o quem somos (negócio);

    o o que entregamos ao mercado (produtos e serviços);

    o onde estamos (em nível global, nacional, local, número de unidades etc.);

    o como pensamos (cultura: propósito, missão, visão e valores);

    o o que oferecemos aos nossos colaboradores (benefícios, incentivos, oportunidades de desenvolvimento e carreira etc.); e

    o o que esperamos dos nossos colaboradores (comportamentos, políticas, diretrizes, regras etc.).

- **Anexar um vídeo ou um *game* de apresentação do pacote de benefícios e incentivos** ao manual ou ao *e-book*. Considero o marketing de benefícios e incentivos um dos pontos mais importantes da integração de um novo colaborador, pois é a oportunidade de a empresa evidenciar tudo o que faz no sentido de cuidar das pessoas.

    Utilizando vídeos ou apresentações diferenciadas, esse é o momento de apresentar o "pacote completo". Algumas empresas utilizam jogos presenciais ou *games* por meio dos quais o novo colaborador vai vivenciando cada um dos benefícios e dos incentivos que a empresa oferece.

- **Juntar mimos ao manual**, caso ele seja impresso, tornando-o atrativo e carinhoso. Em tempos de *home office* total ou de sistemas híbridos, mais do que manuais de integração ou *e-books*, têm sido enviados verdadeiros "recebidos" (na linguagem dos *influencers*) para os novos colaboradores, incluindo desde itens de escritório (como cadeira, *notebook* e *mouse*, além de camisetas, canecas, cadernos e canetas) até produtos fabricados ou comercializados pela empresa. Tudo para que o colaborador comece a vivenciar a cultura e se apaixonar pela marca.

- **Realizar um *tour* real ou virtual pela empresa**, priorizando espaços ou lugares especiais que devem ser explorados para surpreender os profissionais que estão chegando.

Na Happy, atendemos uma marca de cosméticos que, mesmo contratando um novo colaborador para atuar na administração, inclui, no seu processo de integração, visitas a uma das fábricas e ao centro de distribuição. Atendemos, também, um grande aeroporto brasileiro no qual o novo colaborador realiza um *tour* pelo pátio e pode tirar fotos, registrando o momento.

Uma boa estratégia para a integração à distância é o uso de óculos de realidade virtual/aumentada por meio dos quais a pessoa pode fazer um passeio pela sede ou pelas unidades da empresa, inclusive as que ficam em outros países.

- **Promover atividades de qualidade de vida** para um grupo de novos colaboradores, durante a sua primeira semana de empresa, pode ser importante para despertar hábitos saudáveis e reforçar a interação entre eles. A empresa pode optar por ações muito simples, como lanches saudáveis, dinâmicas de ginástica laboral ou de respiração e lembretes para tomar água. Ao fazer isso, a empresa também deve informar que as atividades terão constância de uma semana, assim chamando a atenção da pessoa para que cuide da própria saúde.

- **Aplicar uma pesquisa de reação** após cada parte da integração ou ao final dela será extremamente válido para que a empresa aperfeiçoe o seu processo a partir da opinião das pessoas que dele participaram.

- **Orientar o novo colaborador para a atualização da sua página do LinkedIn** é uma ação complementar já citada que pode influenciar fortemente a imagem da empresa como empregadora.

Essa orientação, independente de ser por e-mail ou presencial durante o ritual de integração, também deve contemplar dicas de poses ou de espaços especiais para tirar fotos, de preferência aqueles com forte presença da cor da imagem corporativa, da marca, do propósito ou de outros elementos que representem a organização. Existe uma empresa *tech* do ramo imobiliário que, durante o ritual de integração, costuma convidar o novo colaborador para fazer uma foto segurando o objeto-símbolo da empresa.

Considero importante, também, as organizações monitorarem os *posts* dos novos colaboradores, inclusive interagindo com eles. Conheço uma empresa do segmento de cosméticos que, ao identificar *posts* de pessoas que acabaram de ser contratadas por ela, envia um *gif* de boas-vindas personalizado.

Ao mesmo tempo em que enumero todas essas estratégias, alerto para o fato de que a empresa deve escolher aquelas que melhor se adequarem ao seu negócio e seu jeito de ser, promovendo as adaptações necessárias, pois o processo de integração não deve ser algo pesado. Ao contrário, o desafio da empresa é o de aproveitar esse momento sem assustar o novo colaborador, uma vez que ele estará diante de muitas coisas novas a serem descobertas e aprendidas. É essencial que a empresa esteja atenta ao nível de ocupação física e mental que está gerando no seu novo contratado.

QUANTO MAIS CRIATIVO E CONSISTENTE FOR O ONBOARDING, MAIORES AS CHANCES DE A PESSOA VIVER O SEU PRIMEIRO DIA/SEMANA/MÊS COMO ALGO A SER LEMBRADO AO LONGO DA JORNADA.

Com relação à automação desse processo, acredito no modelo híbrido. Obviamente, existem partes que se repetem a cada edição e que podem ser facilmente automatizadas, o que, além de otimizar, é uma maneira de prevenir e sanar possíveis falhas ou omissões humanas. Contudo, somente a forma presencial garante a comunicação direta e o apelo emocional.

Como todo processo, é preciso definir claramente o que será presencial e o que será digital, assim como o que ficará a cargo da empresa (institucionalizado) e o que dependerá diretamente dos profissionais de Recursos Humanos envolvidos e dos líderes que receberão novos colaboradores em suas áreas. Tudo deve ser feito com o objetivo de otimizar e alinhar o processo, sem dar espaço para falhas ou para que ações e instrumentos deixem de ser utilizados, embora isso, muitas vezes, aconteça. É comum as empresas criarem processos de integração maravilhosos e esses acontecerem de forma completa somente nas primeiras duas ou três edições, passando a se deteriorar rapidamente.

Acredito que uma experiência negativa no processo de integração, por menor que seja, pode afetar significativamente o nível de motivação e engajamento de uma pessoa, fazendo-a pensar em deixar a empresa mesmo antes de completar o período de experiência.

O espaço entre a contratação e o primeiro dia

O fato de que o espaço de tempo entre a contratação e o início das atividades na empresa, por vezes, pode ser longo, também merece atenção por parte da empresa. Nesse período, vale preparar e enviar mensagens sistemáticas com informações importantes, tais quais detalhes sobre o ambiente organizacional, descrição do cargo, características da equipe com a qual o novo colaborador deverá trabalhar, além de temas relativos ao processo de integração. Isso será de extrema importância para que o novo colaborador se sinta seguro, além de contribuir para aumentar a sua sensação de pertencimento.

Vale registrar, também, que muitas empresas destinam uma parte considerável dos seus recursos para assegurar que pessoas contratadas estejam no "ponto certo" para desempenhar seus papéis de maneira eficiente. Dessa forma, proporcionam uma série de treinamentos presenciais e por meio de plataformas de *e-learning*, atividades que também se configuram como de integração e que podem ser conduzidas de forma criativa.

Neste capítulo, quero ainda destacar que, hoje, encontrar talentos se tornou muito mais fácil que no passado, uma vez que não existem mais fronteiras, ou seja, as empresas não estão mais limitadas a contratar localmente, podendo extrapolar as barreiras de onde se encontram ao buscar profissionais em diferentes cidades, estados, países e continentes, desde que reúnam a formação, a experiência e as características desejadas. Havendo acesso à internet, profissionais poderão se juntar a qualquer time.

Entretanto, isso torna ainda maior o desafio de fazer o novo colaborador se sentir confortável, acolhido e valorizado pela empresa na qual está entrando, o que acontece também em função da pandemia Covid-19, quando novas ações tiveram que ser pensadas e colocadas em prática a fim de garantir processos de integração remotos eficientes. Coloco isso para reforçar que

*O **ONBOARDING** À DISTÂNCIA, EMBORA POSSÍVEL, EXIGE UMA DEDICAÇÃO AINDA MAIOR.*

É importante lembrar, também, que contratados que começam e permanecem trabalhando em *home office* podem sofrer de solidão e consequente desmotivação, especialmente nos primeiros dias, quando ainda não estão interagindo com muitas pessoas. Isso torna necessária uma atenção especial por parte dos líderes no sentido de promover a interação e a colaboração. Afinal, é mais fácil ajudar o colega sentado ao lado do que aquele que está fisicamente distante.

Esse é, sem dúvida alguma, um dos aprendizados da pandemia. Ao contrário do que muitos pensavam, o *home office* não se adequa a qualquer perfil de profissional. Além disso, encontrar pessoas com as quais se gosta de conviver é um fator determinante para querermos sair de casa e ir trabalhar todos os dias, contribuindo para a motivação e o engajamento.

Ainda dentre os riscos do trabalho remoto, justamente pela privação da interação presencial, está o de novos colaboradores se sentirem marginalizados, acreditando não fazerem parte da equipe de fato.

Nesse caso, a empresa não deve medir esforços no sentido de passar a essa pessoa, por meio de instrumentos e ações de Endomarketing, mensagens como: "você é parte"; "estamos juntos"; "sua participação é importante"; "é bom tê-lo conosco"; e tantas outras que podem ser criadas.

Conforme vimos neste capítulo, os desafios em nível de integração de novos colaboradores são muitos. Afinal, é nessa etapa que a empresa dá início ao processo de retenção propriamente dito, cujas estratégias serão abordadas nas próximas páginas.

5.5.
RETENÇÃO

A quinta etapa da
Jornada do Colaborador

Dentre as muitas variáveis de que depende o crescimento de uma empresa, a retenção de talentos é, certamente, uma das que merecem destaque. De uma forma muito simples, pode-se dizer que foi por esse motivo que o Endomarketing surgiu: para envolver colaboradores e convencê-los de que estão na "melhor empresa para se trabalhar".

O Endomarketing visa, principalmente, a transformar o colaborador num agente de reputação da empresa como consequência do orgulho que sente por estar nela. Isso tem a ver com a maneira que a empresa se coloca diante de questões como, por exemplo, a diversidade e a sustentabilidade. O mesmo se pode dizer em relação ao posicionamento da empresa diante da pandemia Covid-19. O orgulho é, em muito, decorrente da forma como a empresa lida com temas importantes e polêmicos.

A empresa responsável

Mais do que nunca, as pessoas esperam atitudes responsáveis por parte das empresas; querem saber se, de fato, elas estão contribuindo para que as novas gerações tenham um futuro digno.

Dados de uma pesquisa da Edelman (2020) mostram que 35% dos brasileiros afirmam já ter convencido outras pessoas a parar de usar uma marca porque entenderam que a empresa não estava agindo de maneira adequada em resposta à pandemia Covid-19. No mundo, 60% da população diz que tem recorrido às marcas nas quais confia durante a crise, e 37% concorda que as respostas das empresas a essa questão influenciam a compra de produtos.

A percepção das pessoas em relação às empresas nas quais trabalham, indicando-as ou não como um possível emprego para outros, certamente segue a mesma lógica.

Com relação à diversidade, tenho visto muitas campanhas internas afirmando que somos todos iguais. Mas essa não é uma verdade, pois é uma abordagem que somente faz sentido para quem está no poder.

Pessoas afrodescendentes, indígenas, LGBTQIA+, PCDs e outras não se veem como iguais, tampouco desejam ser iguais. Elas prezam por sua personalidade, suas raízes e sua cultura, e não querem ter que fingir ser o que não são no ambiente de trabalho.

Recentemente, uma empresa do segmento de aviação entregou aos seus colaboradores um novo guia de estilo (*dresscode*), no qual liberou o uso de *piercings* e tatuagens para a tripulação, o que antes não era aceito.

Esse é um dos desafios do mundo corporativo que tem tudo a ver com retenção: viver a diversidade na sua essência, ou seja, aceitar e valorizar as pessoas como elas são.

Felicidade vs. significado

Ao contrário do que muitas empresas acreditam, reter talentos não é uma ação exclusivamente relacionada a salário. Existem muitos outros fatores que chegam a ser até mais determinantes — é isso que desejo abordar neste capítulo.

Sabemos que a felicidade, quando relacionada ao trabalho, é capaz de contribuir fortemente para a geração de lucro, pois, se analisarmos os rankings de pesquisas como "As Melhores Empresas para Você Trabalhar" da Você S.A./Exame ou "GPTW – Great Place to Work", é possível perceber que as organizações mais bem colocadas são, também, as que estão melhor posicionadas como negócio.

Não há dúvidas de que

PESSOAS QUE SE SENTEM FELIZES COM O SEU TRABALHO PRODUZEM DE FORMA MUITO MAIS EFETIVA,

uma vez que esse é o estado emocional ideal para o ser humano empreender toda a sua energia naquilo que faz. Refiro-me ao benefício do aumento de desempenho, e acredito não existir uma única empresa sem o desejo de reter as pessoas que representem isso.

Estudos recentes apontaram que 9 em cada 10 pessoas estariam dispostas a trocar uma porcentagem dos seus salários por trabalhos mais significativos. Justamente por ser um número expressivo, fica a pergunta: o que as pessoas, de fato, querem quando buscam por mais significado no trabalho? E ainda mais importante: como isso pode ser dissociado da ideia de "felicidade no trabalho"?

De acordo com psicólogos, existem cinco fatores principais:

- **Conseguir o que você quer e/ou precisa.** Felicidade se relaciona a termos os nossos desejos satisfeitos; significado, não necessariamente.

- **Prazos.** Felicidade está para o "aqui e agora", enquanto significado é relativo a uma história de vida mais coerente.

- **Vida social.** As conexões são importantes tanto para felicidade quanto para significado. Este, porém, está mais relacionado a ajudar os outros, enquanto aquela resulta do recebimento de ajuda.

- **Desafios.** Estresse reduz a felicidade, porém faz parte de uma vida significativa.

- **Identidade pessoal.** Uma das fontes de significado são

aquelas atividades que expressam o "eu". Contudo, tais atividades acabam se tornando irrelevantes na seara da felicidade.

Mas o que quero dizer ao trazer essas conclusões? Ora, justamente o fato de que o significado deve ser visto como um meio para atingir a felicidade. Afinal, ela é mais um estado de espírito do que um sentimento duradouro. É antes "estar" em vez de "ser". Significado, por sua vez, tem a ver com propósito, outro conceito/estratégia que ganhou palco nos últimos anos e que se mantém nele, conquistando cada vez mais público.

Globalmente, a taxa de trabalhadores que se sentem verdadeiramente engajados em seus trabalhos é de meros 13%. Para melhorar isso, devemos compreender que os empregados se tornam muito mais satisfeitos e produtivos quando quatro de suas necessidades fundamentais são satisfeitas: física, emocional, mental e espiritual.

Curiosamente, mesmo com o isolamento social, o *"ranking da felicidade"* (desenvolvido pela Ipsos) aponta que o humor do brasileiro não foi abalado — na verdade, inclusive teve uma tímida melhora desde 2019. Durante a pandemia Covid-19, os brasileiros passaram a dar mais importância para as relações interpessoais, fator que atingiu a maneira como as pessoas interagem, também, no trabalho. 62% dos brasileiros disseram que ter um bom emprego e sentir que a vida tem um significado são elementos decisivos na busca pela felicidade.

Em contrapartida, apontaram suas insatisfações como frutos de tratamentos inadequados, ausência de ética, relações tóxicas e excesso de pressão.

É PERTINENTE PENSAR O AMBIENTE DE TRABALHO COMO UM GRANDE RESPONSÁVEL PELO SIGNIFICADO E PELA FELICIDADE DOS PROFISSIONAIS.

Partindo desse entendimento, estamos vendo surgir um novo profissional no mercado: o CHO (*Chief Happiness Officer* ou Gestor Executivo de Felicidade). Esse é um passo importante ante o desafio de reter colaboradores, pois esses gestores criarão condições para avivar o bem-estar dos empregados, fator primordial nos desempenhos individual e coletivo.

No Brasil, hoje, já existem inclusive cursos que capacitam profissionais para desempenharem essa função — uma das grandes tendências mundiais, pois o CHO está vindo para fazer empregados e empregadores prosperarem.

Sobre isso, considerei importante colocar aqui, na íntegra, uma matéria feita pela jornalista Adriana Fonseca para o espaço de carreiras do Valor Econômico. Segundo ela:

"Assim como existe, dentro do RH, uma gerência para desenvolvimento profissional, outra para remuneração e benefícios e uma para atração de talentos, a BASF estabeleceu, em janeiro último, uma gerência de Recursos Humanos para a área de bem-estar. O objetivo é ter uma equipe pensando exclusivamente a criação e a adaptação de ações que impactem o bem-estar dos funcionários. 'Há mais de 40 anos, a empresa tem uma associação que cuida de lazer e esporte para o colaborador. Percebendo grandes oportunidades, reposicionou essa estrutura para o bem-estar, pois, quando se tem uma área, fica mais fácil criar ofertas', diz Vivian Navarro, gerente de RH da área de bem-estar da BASF.

O bem-estar, na concepção da multinacional, é dividido em diferentes frentes: desenvolvimento da carreira, físico, mental, lazer, social, financeiro e comunidade — onde entra a questão do propósito e o senso de contribuição com a sociedade. 'Entendemos que a felicidade é consequência do bem-estar nessas áreas', afirma Vivian.

Dentro desse escopo, e durante o isolamento social, foram pensadas atividades como aulas on-line de ginástica e de luta, sessões de mindfulness, de karaokê e lives aos sábados com programação para os filhos dos funcionários. A empresa também levou aos empregados palestras virtuais com psicólogos e especialistas em temas como ansiedade e felicidade.

A programação é pensada para neutralizar as emoções negativas, o que é medido por meio de questionários que exploram como os funcionários estão se sentindo. 'O bem-es-

tar veio para ficar, não é só na pandemia', diz Vivian. 'Quando você está forte, quando você se cuida, atravessa melhor períodos de crise ou caóticos.'

A Ativy, uma empresa de tecnologia, também designou um cargo para olhar especificamente o bem-estar de seus funcionários: é o analista de bem-estar e felicidade. Tiago Garbim, CEO da Ativy, explica que a empresa sempre se preocupou com a satisfação de suas equipes, mas que, com o crescimento do negócio — hoje são mais de 160 funcionários —, Garbim estava com dificuldade de acompanhar esse tema de perto, como sempre gostou de fazer. 'Às vezes, no dia a dia, não consigo olhar para todo mundo. A função desse cargo é garantir que as pessoas estejam bem', diz.

Assegurar o bem-estar passa por diferentes aspectos, desde a posição adequada da mesa de trabalho e a temperatura da água até o emocional do funcionário. 'Os líderes são orientados a conversar, mas, às vezes, a pessoa não se sente bem para falar disso com o gestor. A nova analista está ali para ouvir.'

Por meio da analista de bem-estar e felicidade, a empresa descobriu, por exemplo, uma funcionária que estava morando em uma casa que 'não era muito legal' — ela havia se mudado recentemente de São Paulo para Campinas, onde fica a Ativy. Garbim conta que a empresa procurou um apartamento melhor para ela, cuidou do aluguel e customizou a casa do jeito que ela queria. 'Pegamos os detalhes e preparamos a casa.'

A nova analista de bem-estar passou por 12 entrevistas antes de ser contratada — normalmente, para outros cargos, a média são cinco conversas durante o processo. 'Nesse caso, ela passou por todos os heads de área', diz Garbim. A empresa queria alguém que fosse um bom ouvinte.

Olhar para a experiência do funcionário como um todo — o que inclui bem-estar e felicidade, mas não se resume a isso — foi o caminho adotado por outras companhias, como Magazine Luiza e Salesforce.

Na multinacional de tecnologia, a área de RH se chama Employee success, ou sucesso do funcionário. 'Isso porque, *todos os dias, a gente pensa no que é preciso para o colaborador ter sucesso e se desenvolver dentro da empresa', afirma Priscila Castanho, diretora de Employee success para América Latina na Salesforce. 'Como o cliente está no centro da empresa, prezamos o sucesso do cliente interno também.' Essa jornada vai desde a busca do candidato no mercado até o onboarding e a integração. Uma vez dentro da companhia, existem benefícios específicos para apoiar o bem-estar do funcionário, como um valor de R$ 400 que pode ser gasto pelo empregado ou por um familiar com atividades como yoga, pilates ou aluguel de bicicleta. As pesquisas de clima medem, entre outros aspectos, o bem-estar e balizam os programas. 'Usamos para entender o que está acontecendo e, se é preciso, alteramos o programa.'*

No Magazine Luiza, em maio do ano passado foi criado o cargo de especialista em Employee experience. A psicóloga e psicanalista Cristina Mestres, que ocupa o posto, diz que entrou na companhia justamente para levar o conceito de experiência do funcionário para a empresa. 'O conceito de experiência do colaborador nasce do mesmo conceito de experiência do consumidor. É alguém olhar, do ponto de vista do colaborador, a experiência de ponta a ponta', afirma.

O papel de Cristina é diminuir a fricção entre os processos para que o funcionário tenha uma experiência melhor. Somente o processo de onboarding, ela conta, envolve 21 áreas diferentes da empresa — seleção, departamento pessoal, saúde e segurança, TI, compras, integração de cultura, integridade e compliance, para citar alguns. O objetivo da área de Employee experience é fazer dessa experiência a melhor possível para o funcionário, analisando tudo que envolve o empregado.

Uma plataforma de gestão da experiência do funcionário e pesquisas internas ajudam a equipe a ter dados para aprimorar a jornada do empregado. Com base nisso, na pandemia, o Magazine Luiza passou a oferecer o serviço de psicologia à distância. Desde o começo do isolamento social, já foram cinco pesquisas. 'Vimos que os colaboradores têm dores diferentes', diz Cristina. 'Eu não sei se a gente dá conta da felicidade das pessoas, mas entendemos que a performance está ligada ao bem-estar e usamos indicadores para saber como estão as equipes.'"

Felicidade + Engajamento = Retenção

Acredito na retenção como uma consequência da felicidade da pessoa no ambiente de trabalho e do seu nível de engajamento. Dificilmente uma pessoa altamente engajada, que realmente contribui para o negócio, deixa a empresa.

E tanto a felicidade quanto o engajamento são consequências da quantidade de experiências positivas vividas pelo colaborador durante a sua permanência na empresa. Essa é uma relação que precisa estar muito clara na mente dos profissionais que possuem o desafio de trabalhar a marca empregadora.

Afinal, como já coloquei, *Employer Branding* não abrange apenas "o que faz uma pessoa querer trabalhar numa determinada empresa", mas também "o que faz uma pessoa querer permanecer trabalhando nela".

Quando entrevisto pessoas para trabalhar na Happy, costumo dizer que buscamos profissionais para ficarem conosco, ou seja, queremos pessoas que se apaixonem por Endomarketing, sintam-se bem na agência e queiram permanecer trabalhando nela. Neste caso, o "ficar" não tem o mesmo sentido que nos relacionamentos amorosos em que essa expressão representa a instabilidade do momento que antecede o namoro. Para nós, o "ficar" representa o resultado da nossa capacidade de reter talentos.

Retenção ou protagonismo?

No marketing, cliente bom não é aquele que compra, e sim aquele que volta. No Endomarketing, o cliente é o colaborador.

COLABORADOR BOM NÃO É AQUELE QUE ESTÁ NA EMPRESA, E SIM AQUELE QUE DESEJA CONTINUAR A CRESCER COM ELA.

Mas será que depende apenas da empresa? Sobre isso, aproveito este livro para abordar algo em que venho pensando há muito tempo.

Sempre que falo ou escrevo sobre motivação, faço questão de ressaltar que nenhuma empresa, assim como nenhum líder, pode assumir em 100% a motivação de uma pessoa, pois, pelo menos, 50% tem a ver com automotivação, ou seja, com aspectos que advêm da própria pessoa e que são, muitas vezes, decorrentes de características genéticas e ambientais.

Da mesma forma, acredito que nenhuma empresa, assim como nenhum líder, pode assumir em 100% a responsabilidade pela retenção de um colaborador, pois existe uma parte que tem a ver com ele mesmo, ou seja, com a capacidade que as pessoas têm de construir, ao redor de si, o ambiente no qual desejam viver e trabalhar. O que quero dizer é que cabe à empresa proporcionar as oportunidades de desenvolvimento, mas cabe ao colaborador aproveitá-las.

Aqui, devo chamar atenção para um ponto de extrema importância: é preciso separar protagonismo de paternalismo. Para isso, nada melhor que conceituar essas duas expressões. Pesquisas mostram que a maioria dos líderes tende a ser paternalista, ou seja, sente-se responsável pelas outras pessoas (neste caso, seus subordinados). O objetivo desse tipo de liderança, explicitamente, é o de ajudar — o que, apesar de virtuoso, pode gerar algumas armadilhas no ambiente de trabalho. Empresas paternalistas acabam sofrendo as consequências dos seus atos, e uma das principais é, justamente, o excesso de complacência para com os erros dos empregados. Isso gera retenção de pessoas e não exatamente de talentos.

O protagonismo representa as pessoas fortes, que tomam decisões firmes e se posicionam sem o manto das relações excessivamente emotivas ou autoritárias. Mais do que líderes, as empresas precisam reter pessoas assim.

É nesse ponto que desejo chegar: se a empresa contrata pessoas com características de protagonismo, a retenção não será uma responsabilidade apenas dela, mas também do colaborador, pois ele construirá a sua jornada.

Por algum motivo, quando uso a palavra retenção (ato ou efeito de reter; estado ou condição do que permanece; demora; permanência; delonga), vem à minha mente a figura de um diretor de empresa contratando vários consultores e desenvolvendo uma série de programas para que os seus colaboradores jamais queiram ir embora. Pois essa é uma imagem com a qual não concordo. Para mim, a responsabilidade da empresa em reter tem um limite que termina exatamente onde começa a responsabilidade da pessoa, ou seja, o seu protagonismo.

A Unilever criou um programa interno no estilo Shark Tank (série de *game show* norte-americana que mostra empreendedores indo ao programa apresentar as suas ideias de negócio) para estimular o intraempreendedorismo. Na Oracle, a mobilidade de carreira e a carreira internacional fazem parte de um dos grandes benefícios da empresa e são divulgados por meio de uma websérie que conta a história de pessoas que trocaram de continente para acelerar suas carreiras.

Acredito na empresa como uma geradora de oportunidades diante das quais o empregado deve agir como um protagonista da própria carreira. Poderíamos, inclusive, trocar o nome desta etapa de retenção para protagonismo ou autonomia. Por que não? Porque não é como o mercado a identifica. Isso significa que continuarei, ao longo deste livro, chamando-a de retenção, embora tenha feito questão de expressar a minha percepção sobre como essa etapa deveria ser chamada, pois realmente não acredito na manutenção de um empregado a qualquer custo.

Colocado isso, voltemos ao que a empresa deseja conquistar no que se refere à percepção do colaborador nos seus primeiros tempos de empresa. Ela quer que ele pense: "Não era só no início. Esta empresa continua me fazendo sentir importante"; e, ao longo dessa etapa, que "a cada dia, gosto mais de trabalhar nesta empresa".

O objetivo, portanto, é de minimizar as taxas de *turnover*, aumentando o tempo de permanência de alguém como colaborador. Sob o ponto de vista do Endomarketing, mais do que aumentar o tempo de permanência, a empresa deve dispender esforços para que ele permaneça motivado, engajado e feliz.

Comunicação Interna vs. Endomarketing

O espaço entre a integração e o desligamento é exatamente onde a Comunicação Interna e o Endomarketing já vêm atuando há muito tempo e de diversas formas.

Assim, considero apropriado reforçar que o Endomarketing abrange todo e qualquer esforço que a empresa faz para se comunicar com o seu público interno, gerando o engajamento necessário para cumprir com os seus objetivos e mostrar resultados. É um processo que atualmente exige extrema rapidez, interação e flexibilidade, principalmente se levarmos em consideração a presença das pessoas e das empresas nas redes sociais.

Nos últimos tempos, temos assistido a uma avalanche de novos conceitos tomando conta do ambiente corporativo, assim como os velhos vêm ganhando uma amplitude ainda maior — "tudo pode ser tudo, desde que bem defendido", é o que costumo argumentar.

Portanto, os esforços que uma empresa faz para se posicionar como marca empregadora pode ser considerado Endomarketing, independentemente de ser um movimento interno ou externo. Afinal, esse posicionamento acontece por meio de técnicas e estratégias de marketing, e tem como objetivo o engajamento de pessoas, estejam elas em fase de atração, seleção, contratação, integração, retenção ou desligamento.

Há quem diga que o *Employer Branding* chegou para substituir o Endomarketing, o que considero absolutamente inadequado. Na minha opinião, o

> **ENDOMARKETING É UM CONJUNTO DE FERRAMENTAS QUE PODEM E DEVEM SER USADAS NA CONSTRUÇÃO E NA CONSOLIDAÇÃO DE UMA MARCA EMPREGADORA.**

Concluída essa abordagem conceitual na qual defendo a ideia de que a responsabilidade pela retenção não pode ser apenas da empresa, decidi dividir este capítulo em quatro partes que, na minha opinião, agrupam as principais estratégias a serem usadas nesta etapa. São elas: informação, integração, reconhecimento e celebração.

Muito do que colocarei neste capítulo já foi abordado nos meus três últimos livros. Entretanto, penso que sempre há o que acrescentar e exemplificar, assim como existem questões essenciais para a retenção de colaboradores que devem ser reforçadas.

5.5.1
A informação como estratégia de retenção

No segundo capítulo deste livro, quando escrevi sobre os desafios das empresas ao conviverem com um "novo" público interno, mostrei várias abordagens em relação à maneira como a informação é percebida e consumida pelos profissionais de hoje.

No que se refere à retenção, meu desafio é mostrar que "a experiência pela experiência", ou seja, a experiência sem conteúdo, acaba gerando apenas um resultado momentâneo na percepção do colaborador. Em contrapartida,

TODA EXPERIÊNCIA ALICERÇADA NUM ALTO NÍVEL DE INFORMAÇÃO É CAPAZ DE PROVOCAR GRANDES RESULTADOS EM TERMOS DE MOTIVAÇÃO E ENGAJAMENTO.

Para defender a informação como produto da Comunicação Interna, usei nas minhas palestras, durante muitos anos, uma parte do filme Tempos Modernos (1930), no qual Charles Chaplin interpreta um operário de indústria que trabalha mecanicamente, sem pensar sobre o que está fazendo.

Isso parece distante? Sim, pois estamos falando de uma época em que trabalho era sinônimo de tortura. Entretanto, temos de reconhecer que, hoje, ainda existem pessoas que, além de pouco saberem sobre a empresa na qual trabalham, não encontram sentido e significado naquilo que fazem. Especialmente no segmento industrial de matéria-prima, ainda existe quem exerça sua atividade sem saber o que está produzindo, nem por quem e para que aquilo será utilizado — ou seja, sem saber qual a contribuição do seu trabalho para o mundo.

Quando as pessoas sabem o que estão produzindo, para que serve, como será utilizado e, principalmente, quais os benefícios disso para a humanidade, trabalham muito mais motivadas, além de fazerem a sua parte enquanto cidadãos.

Estou me referindo a propósito? Sim, mas meu objetivo, aqui, não é abordar esse assunto, pois já o fiz no segundo capítulo deste livro. O que desejo, ao trazer esses exemplos, é mostrar o quanto a informação pode e deve ser usada como forma de aproximação entre empresa e empregado e, principalmente, como estratégia de engajamento.

O valor do conteúdo

Nos últimos tempos, a palavra "conteúdo" subiu ao palco e nele permaneceu. Já estamos habituados a ouvir que "fulano produz conteúdo", "beltrano entrega conteúdo" e "sicrano faz curadoria de conteúdo". Hoje, quem tem poder é aquele que consegue produzir e distribuir uma grande quantidade de conteúdo, gerando o máximo de compartilhamento.

Em se tratando de Endomarketing,

CONTEÚDO NADA MAIS É DO QUE A INFORMAÇÃO CORPORATIVA BEM TRABALHADA,

ou seja, transmitida por meio de uma linguagem clara, direta e adequada ao perfil do público interno, permitindo uma assimilação rápida e eficaz. Além disso, a informação deve ser exposta em lugares estratégicos, estar acompanhada de apelos visuais e ter padronização e periodicidade.

Há quem diga que, em Comunicação Interna, não se cria um fato. Se levarmos em consideração o seu sentido literal, essa frase está correta. A Comunicação Interna tem a responsabilidade de comunicar fatos, e não de os criar. Entretanto, quando me refiro ao Endomarketing, estou falando de criar fatos, ou seja, a manutenção de um processo de Comunicação Interna exige, em determinados momentos, a criação de experiências que mereçam ser repercutidas nos canais, gerando percepções positivas.

A tão discutida diferença entre Comunicação Interna e Endomarketing pode estar justamente nessa questão: comunicar o que já existe ou criar algo para comunicar? Em Endomarketing, valem as duas estratégias que, por sua vez, devem complementar-se no dia a dia, promovendo as experiências de que uma empresa necessita para ter um ambiente organizacional no qual as pessoas desejem permanecer.

Estou me referindo, portanto, a canais de Comunicação Interna utilizados para comunicar decisões, iniciativas e fatos, e a campanhas de Endomarketing para gerar experiências memoráveis que resultem em aprendizado e engajamento.

Uma empresa que mantém seus canais focados em avisos e comunicados, sem entregar ao público interno informações consistentes sobre negócio, mercado, gestão, desafios, estratégias e resultados, dificilmente terá colaboradores engajados. Refiro-me a empresas que mantêm um mural digital "porque é um canal moderno", implantam uma intranet "porque toda empresa tem" e buscam um fornecedor para criar algum aplicativo interno que seja mais um veículo com conteúdo superficial.

Os resultados decorrentes do conteúdo apresentado somente serão alcançados quando essas empresas entenderem que a informação corporativa precisa ser trabalhada com sistemática, responsabilidade e profundidade.

Mais do que isso, os profissionais responsáveis pelo Endomarketing precisam assimilar que o conteúdo é mais importante que a forma, embora o ato de "vender a imagem para dentro" pressuponha o uso de técnicas e estratégias de marketing para despertar a atenção do público, sendo a forma uma dessas estratégias.

Além de modernos — pois hoje o meio é muito valorizado pelos *millennials* —,

OS CANAIS DE COMUNICAÇÃO INTERNA PRECISAM REPRESENTAR OS ANSEIOS DOS COLABORADORES EM RELAÇÃO À INFORMAÇÃO CORPORATIVA.

Por fim, arrisco dizer que, num mundo digital, a preocupação das empresas em relação aos conteúdos está cada vez mais flexibilizada. Afinal, mostrar a forma com que a empresa se relaciona com seus colaboradores passou a ser vantagem competitiva. E, assim, os colaboradores estão se tornando porta-vozes das organizações nas quais trabalham, especialmente nas redes sociais.

Poucos e bons canais

O primeiro passo para reter um colaborador é, portanto, mantê-lo muito bem informado sobre tudo que acontece na empresa e sobre seus objetivos, suas estratégias e seus resultados. Afinal, ninguém se engaja àquilo que não conhece.

Neste caso, sugiro:

- poucos canais ou um único canal que concentre todo o processo de comunicação, como uma rede social interna;

- canais digitais que sejam capazes de alcançar todos, incluindo segmentos de público interno que trabalham em movimento;

- canais reais que disponibilizem a informação para colaboradores das áreas operacionais sem acesso permanente a computadores;

- canais que permitam a interatividade;

- canais com versões específicas para a comunicação direta e exclusiva com lideranças;

- grupos de conteúdo definidos a partir dos objetivos da empresa e do interesse do público interno;

- destaque para o conteúdo de Recursos Humanos, pois é o que mais interessa ao público interno;

- destaque para o conteúdo que representa o grande objetivo da empresa no momento como, por exemplo, transformação digital ou inovação;

- identidade verbal adequada ao perfil do público interno a ser atingido por cada canal;

- nomes diferenciados (o mercado os tem chamado de *sexy names*);

- identidade visual que promova a integração entre os diferentes canais e passe a imagem de um processo único; e

- sistemática e periodicidade que permitam manter as pessoas constantemente informadas.

Textos curtos vs. textos longos

Ainda sobre conteúdo, há quem defenda que os textos veiculados nos canais de Comunicação Interna ou nas campanhas de Endomarketing devam ser curtos, com o argumento de que as pessoas têm cada vez menos paciência para textos longos. Sobre isso, a minha opinião é de que o tamanho do texto não define a sua qualidade, nem o grau de interesse que despertará. O tamanho de um texto depende de uma série de fatores como: importância do assunto, tipo de narrativa, onde ele será veiculado, dentre outros.

Aqui, vale ressaltar que o público interno, com cada vez mais acesso a conteúdos diversos que chegam de todos os lados, não suporta ser subestimado em nível de informação. O irrelevante, o já conhecido, o que não interessa e o que não se aplica na percepção dos colaboradores devem ser deixados de lado quando o assunto é conteúdo.

Além disso, todo o conteúdo tem um custo para o receptor. A tendência natural do emissor, na maior parte das vezes, é minimizar esse custo, que pode ser social, psicológico, financeiro ou físico. Dentro desse contexto, devemos levar em consideração que, com canais cada vez mais digitais, o colaborador precisa acessá-los para consumir a informação. Além do custo físico, ele precisa dispensar um tempo para isso, que é considerado perdido no caso de a informação ser desnecessária ou inadequada.

Em outras palavras, o ser humano busca a informação que possa ser traduzida num real benefício para sua vida pessoal e/ou profissional, trazendo emoções positivas, sensações agradáveis e satisfação de expectativas. Isso significa gerar experiências positivas por meio dos canais de Comunicação Interna, o que deve acontecer, também, pela adição de argumentos interativos.

Assim como existem empresas para as quais compartilhar a informação ainda é um tabu, existem aquelas que acreditam que informação nunca é demais. Quando questionada sobre isso, uso a palavra "depende" como resposta, pois existem momentos como, por exemplo, uma negociação salarial, que exige informação sistemática, assim como existem assuntos que necessitam ser comunicados apenas uma vez. E existem, também, assuntos que não precisam ser comunicados, já que, para todo conteúdo disponibilizado, a empresa deve ter um objetivo específico.

A "overdose" de informação é sempre um perigo, pois tudo aquilo divulgado em excesso pode perder a importância antes que a empresa perceba.

É verdade, também, que alguns temas despertam um interesse imediato enquanto outros pedem que o colaborador seja estimulado — afinal, nem tudo que é importante para a empresa também o é para o seu público interno. É verdade, também, que as pessoas, pela sua natureza, diferem quanto ao grau de interesse em relação a determinados assuntos.

Em processos de diagnóstico, já ouvi a seguinte frase: "a empresa somente informa o que é importante para ela, e não o que é importante para nós". Fomos buscar o que estava provocando essa percepção e nos demos conta de que, nessas empresas, existiam canais que divulgavam apenas conteúdo de mercado e produto (abrimos tantas lojas, vendemos tantos produtos etc.), e nenhuma informação sobre programas, projetos e processos de recursos humanos, ou seja, sobre a vida das pessoas na empresa.

A estratégia está, justamente, na observação das reações do público interno. Somente a partir dessa observação será possível determinar as características do conteúdo e do atendimento que ele aprecia.

Com relação ao atendimento, é comum vermos as pessoas se queixarem da dificuldade em obter informações de Recursos Humanos rapidamente quando necessitam. Em virtude disso e das exigências do mercado, os gestores de Recursos Humanos perceberam a necessidade de alinhar suas estratégias ao ritmo 4.0, utilizando-se dos recursos disponíveis para resolver essa questão.

Um novo RH

A indústria 4.0 vem promovendo a fusão dos mundos físico, digital e biológico através da tecnologia. Por isso, é muito natural que, no âmbito corporativo, o cenário esteja sofrendo grande impacto, especialmente na maneira como mentalidades semelhantes à Ágil podem e devem ser aplicadas às relações de trabalho. Exemplo dessa nova tendência é, portanto, o conceito de RH Ágil, que acompanha a necessidade de soluções inovadoras e da valorização do ser humano. Penso que somente dominando e se adaptando a esse conceito é possível que uma empresa se mantenha competitiva em nível de retenção.

Em 2001, dezessete profissionais de Tecnologia da Informação (TI) uniram-se para melhorar o desenvolvimento de *softwares* e, desse encontro, surgiu o Manifesto Ágil, documento que apresenta quatro pilares e doze princípios que otimizam o processo de desenvolvimento.

O RH Ágil é, portanto, a aplicação, devidamente adaptada, dessa otimização no escopo da área de Recursos Humanos, e seu principal objetivo é o de promover a cultura da agilidade.

Ter um RH Ágil tornou-se um grande diferencial para as empresas no que diz respeito à gestão de pessoas, pois se relaciona ao desejo e à necessidade de caminhar em direção ao futuro. Mais que uma metodologia, essa cultura de agir e pensar traz consigo a possibilidade de quebra de paradigmas pelo alinhamento com o planejamento estratégico. A partir daí, a empresa pode ser impactada com mudanças reais, tais como a economia de tempo na hora de realizar qualquer processo de Recursos Humanos, pois isso acaba sendo feito com mais qualidade e eficácia, além de melhorias no sistema de atendimento às necessidades dos colaboradores.

Chegamos então à era dos *chatbots* de Recursos Humanos já citados no terceiro capítulo deste livro, no qual abordei novas formas de conexão com o público interno.

Os *chatbots* têm a capacidade de melhorar o processo qualitativamente, pois oferecem estruturas mais definitivas e estratégicas, simplificando burocracias e reduzindo a probabilidade de riscos e ineficiência.

Além disso, essa tecnologia está possibilitando que as áreas de Recursos Humanos se tornem centros de lucro em vez de despesa, uma vez que reduz pela metade o tempo de resposta a questionamentos comuns sobre Recursos Humanos.

Os *chatbots* também são responsáveis por tornar os processos quase duas vezes mais automatizados, o que é bastante atrativo, pois vivemos uma era em que as empresas desejam otimizar dinâmicas (trabalhar melhor em vez de trabalhar mais). Os *chatbots* são, definitivamente, uma aposta certeira nesse objetivo.

Entretanto, no livro "Aprendiz Ágil", de Alexandre Teixeira e Clara Cecchini, há a ideia de que agilidade é muito mais do que velocidade ou rapidez; agilidade é, isso sim, ter foco no valor entregue acima do cumprimento de processos e regras. O ágil veio para responder a mudanças em detrimento de seguir um plano.

Uma empresa que possua canais estruturados, modernos e ágeis veiculando conteúdo de qualidade terá mais chances de reter um colaborador. E o Endomarketing serve exatamente para isso: dar valor e visibilidade à informação, fazendo o público interno percebê-la de forma positiva, ou seja, como uma experiência que vale a pena.

O DIY "Do It Yourself"

Na contramão de toda a tecnologia disponível para a comunicação de Recursos Humanos, o período de pandemia Covid-19 também provou que não é mais necessária uma grande produção para tornar um conteúdo relevante para o público interno. Vídeos de celular, *quizzes* com as próprias ferramentas, áudios de WhatsApp, vídeos de TikTok, Canva, bilhetes escritos à mão e recadinhos nas entregas de mimos mostraram que a simplicidade pode evidenciar ainda mais a cultura e o jeito de ser de uma empresa, além de gerar mais credibilidade para a sua comunicação.

A genuinidade está em alta. Uma *live* do presidente da empresa, por exemplo, aproxima muito mais do que um texto por e-mail, cujo conteúdo pode ser editado e sobre o qual as pessoas não têm certeza de que seja mesmo produzido por ele.

O líder como agente de retenção

Entre os canais de Comunicação Interna de uma empresa, em primeiro lugar, está o líder. E acredito que um dos fatores que mais contribua para a retenção de um colaborador é trabalhar com um líder que ele admira. Há quem afirme, inclusive, que dificilmente uma pessoa pede demissão porque deseja se afastar da empresa e, sim, do seu líder.

O parágrafo acima não traz nenhuma novidade. Há muito tempo as empresas entenderam ser necessário trabalhar seus gestores para que exerçam, efetivamente, uma liderança comunicadora, influenciadora e colaborativa — tanto que investem milhões em programas de formação e desenvolvimento.

Em tempos de transformação digital e, ao mesmo tempo, de pandemia Covid-19, Endomarketing é conexão, interface e experiência. É dentro desse contexto que o líder entra como primeiro e principal canal de comunicação da empresa, assumindo a responsabilidade por estabelecer a conexão, representar a interface e proporcionar a experiência. É por esse motivo que as empresas investem tanto no seu desenvolvimento.

Entendo que, para ser um agente de retenção, um líder deve ter três características:

CARISMA, CONHECIMENTO E CAPACIDADE DE COMUNICAÇÃO.

Entretanto, de nada adianta possuir essas qualidades se ele não se sentir empoderado para agir em nome da empresa.

Empoderar significa liberar e incentivar o poder que existe nas pessoas, valorizando as suas características positivas e direcionando esse poder à concretização de resultados também positivos.

A criação de uma cultura voltada para o empoderamento do líder demanda uma grande transformação por parte da empresa, além da concepção de um ambiente organizacional no qual isso possa se estabelecer como uma verdade.

Em outras palavras, para que o empoderamento da liderança realmente aconteça, as empresas necessitam mudar o seu jeito de pensar e tratar seus líderes. Assim, estarão produzindo experiências positivas para as demais pessoas através deles.

Acredito que as empresas ainda veem o empoderamento dos líderes como "dar a eles o poder de tomar decisões". Penso que, talvez, essa visão equivocada explique o porquê de tantas empresas ainda não terem conseguido desenvolver seus líderes como gostariam.

Definir o empoderamento do líder como a empresa dando poder a ele mantém a ideia de que a empresa é e sempre será a controladora, e ignora o fato de que, se a pessoa ocupa um cargo de liderança, é porque já possui poder.

Refiro-me ao poder do conhecimento, da experiência e da capacidade de engajar pessoas. Entendo que líderes ainda não se deram conta do poder interior que possuem, o que gera um espaço muito interessante para a empresa fazer provocações e assumir a responsabilidade por desenvolvê-los.

Afinal, ao se sentir empoderado, ele falará e agirá em nome da empresa, representando a sua cultura. Esse alinhamento, por sua vez, contribuirá fortemente para a retenção das pessoas da sua equipe.

Para que o líder realmente assuma esse espaço entre a empresa e o colaborador, proporcionando as devidas experiências e estabelecendo um alto nível de conexão com a equipe, é preciso que isso seja dito a ele da forma mais clara possível. O que a empresa tem a fazer é um chamamento, distinguindo o líder como um profissional-chave que pode fazer diferença no momento da decisão do colaborador em permanecer na empresa ou não.

Ao líder, cabe aceitar esse chamado e vestir a camiseta de agente de retenção. A empresa pode provocar, sugerir, solicitar, incentivar e desenvolver, mas não pode impor a sua vontade. Existem líderes que aceitarão o chamado e outros que não. Afinal, líderes são seres humanos, e nenhuma pessoa é igual à outra. Sempre vão existir profissionais que não se sentirão responsáveis por apresentar resultados positivos em nível de *turnover*.

Além de responsabilizar o líder, é essencial que a empresa realize a recontratação ou repactuação de tempos em tempos com os seus líderes, lembrando-os da responsabilidade que possuem no processo de retenção de colaboradores.

Isso pode acontecer, de forma sistemática, nos momentos em que a direção da empresa estiver em contato com eles ou por meio de instrumentos diretos.

Como boas práticas de um líder que, apesar de simples, podem contribuir fortemente para a sua atuação como agente de retenção, quero citar:

- escrever um recado à mão ou fazer uma ligação para um colaborador que esteja vivendo um momento difícil ou a fim de parabenizá-lo por algo;

- convidar um colaborador para participar de um projeto especial ou de um desafio;

- promover uma sessão de aplausos para um ou mais colaboradores na frente de todo o time como forma de reconhecimento;

- convidar um ou mais colaboradores para um café ou um almoço com o objetivo de uma maior aproximação; e

- outras práticas que podem ser criadas pelo líder diante de situações do dia a dia.

Em uma empresa de serviços médicos da Europa, o presidente precisava melhorar seu relacionamento com seus colaboradores e, para isso, criou um blog gerenciado por ele mesmo onde passou a escrever sobre o negócio e, principalmente, sobre os seus aprendizados diários. Com o tempo, o blog se tornou o principal canal de Comunicação Interna, e passou a ser percebido como uma excelente ferramenta de crescimento e desenvolvimento para os colaboradores.

Estou contando isso para chamar atenção ao fato de que as empresas dotadas do que eu chamo de "pessoa de comunicação" na presidência, ou seja, um líder maior que não só tenha habilidades de comunicação, mas que se disponha a utilizá-las, têm muito mais chances de reter colaboradores. É emocionante ver quando colaboradores de base chamam o presidente pelo nome e admiram a forma como ele se comunica e a proximidade que estabelece com as pessoas.

A importância do *feedback*

Se, por um lado, os elogios (*feedbacks* positivos) aprofundam o comprometimento com o trabalho e deixam a pessoa feliz, por outro, críticas (*feedbacks* negativos) são necessárias para que a pessoa se mantenha na empresa.

Embora saibamos que o *feedback* negativo causa desconforto, nada é pior do que um colaborador ser desligado da empresa sem nunca ter recebido um retorno sobre aspectos que ele deveria melhorar e que influenciaram a sua demissão.

Feedback é, portanto, uma importante ferramenta de retenção, motivo pelo qual deve ser uma prática institucionalizada na empresa.

Nos treinamentos de liderança que ministro, costumo dizer que existem líderes que, por timidez ou despreparo, acabam fugindo de conversas difíceis como, por exemplo, dar um *feedback* negativo, especialmente quando é para um subordinado com o qual tem proximidade ou se identifica.

O primeiro passo para desmistificar a conotação ruim do *feedback* negativo é a escolha do líder quanto a encarar essa necessidade como uma conversa produtiva em vez de transformá-la num enfrentamento ou num momento de sofrimento para ambos os lados.

Entretanto, precisa haver confiança em si mesmo, por parte do líder, e segurança em relação às palavras que deverá usar. Conheço um gráfico que define o *feedback* em quatro quadrantes:

1. *Feedback* falso com má intenção:
quando o líder foge do assunto, não dando ao colaborador a oportunidade de melhorar.

2. *Feedback* verdadeiro com má intenção:
quando o líder fala o que a pessoa precisa ouvir, porém de forma cruel.

3. *Feedback* falso com boa intenção:
quando o líder não diz o que o colaborador precisa ouvir por não querer magoá-lo.

4. *Feedback* verdadeiro com boa intenção:
quando o líder fala o que o colaborador precisa ouvir, porém de forma carinhosa e com o objetivo de gerar conscientização e aprendizado.

Obviamente, os líderes devem se deter no quarto quadrante sempre que estiverem diante do desafio de um *feedback* negativo.

Fatores muito importantes e que também contribuem para a retenção são o cenário e o contexto no qual os *feedbacks* são realizados, lembrando que se trata de um processo de comunicação e que, portanto, deve acontecer entre duas pessoas num local específico para isso. Entretanto, se resumido numa frase, o *feedback* positivo pode ser dado em público. Já o negativo deve ser sempre uma conversa particular entre o líder e o seu subordinado.

A energia que as campanhas de Endomarketing provocam

Estamos vivendo um momento histórico comparado a grandes guerras e recessões. Com isso, muitas pessoas estão cansadas, tristes e até mesmo depressivas.

É natural que o nível de engajamento dessas pessoas comece a cair se não houver um

ESFORÇO DA EMPRESA NO SENTIDO DE RELEMBRAR DIARIAMENTE A SUA PROPOSTA DE VALOR AO COLABORADOR.

Será essencial, também, mostrar que a empresa está disponível para ajudar o seu time a passar por esse momento da melhor forma possível, inclusive no pós-pandemia Covid-19, quando os reflexos do impacto na economia ainda estarão sendo fortemente refletidos nas pessoas e no ambiente.

É nesse contexto que entram as campanhas de Endomarketing — como uma forma de as empresas conversarem com seus colaboradores, utilizando, para isso, recursos de marketing que provoquem emoção, orgulho e esperança.

Entendo a campanha de Endomarketing como um conjunto de ações e instrumentos capazes de envolver o público interno com um determinado assunto até o ponto de incentivá-lo a adotar o comportamento que a empresa espera dele.

Estou me referindo ao tão desejado engajamento por parte do público interno em tudo aquilo que a empresa propõe, decide ou realiza, o que é decorrente da forma como a informação é colocada por meio de campanhas.

Uma campanha de Endomarketing de qualidade é aquela capaz de provocar energia e colocar as pessoas para cima. E, hoje, pode-se dizer que vencerão as empresas capazes de gerar e canalizar o máximo da energia participativa dos seus colaboradores nos assuntos que considera estratégicos.

Dirijo uma agência de Endomarketing e estou acostumada a ver as empresas quererem fazer "campanhas para tudo". Muitas classificam uma campanha como "um e-mail marketing, uma peça para veicular no Mural Digital e um cartaz para o Jornal Mural". E, muitas vezes, o assunto que será comunicado nessas três peças não precisaria estar nelas, ou seja, poderia ser uma informação publicada nos canais de Comunicação Interna, inclusive de forma ilustrada e/ou interativa. O que quero dizer é que, nem sempre, a empresa precisa dispender recursos numa campanha de Endomarketing.

Isso é tão comum, que elaborei alguns raciocínios para a tomada de decisão nesse sentido: afinal, quando usar os canais de Comunicação Interna e quando realizar campanhas de Endomarketing?

Para isso, existe uma fórmula bem simples:

- É uma necessidade de informação? A empresa deve usar os canais de Comunicação Interna.

- É uma necessidade de engajamento? A empresa deve realizar uma campanha de Endomarketing.

Contudo, também é possível aprofundar a questão, avaliando a demanda de forma específica. Para isso, recomendo dividi-la em dois grupos:

GRUPO 1

DECISÃO	INICIATIVA	REALIZAÇÃO	FATO
Exemplos:	Exemplo:	Exemplo:	Exemplo:
A empresa tomou a decisão de abrir mais uma unidade.	A empresa deu início a um estudo inédito na sua área e negócio.	A empresa fez uma doação para a comunidade local.	A empresa completou tantos dias sem acidentes de trabalho.
A empresa tomou a decisão de colocar parte da sua equipe em *home office*.	A empresa começou uma reforma na sua sede.	A empresa patrocinou um determinado projeto cultural.	A empresa recebeu um prêmio.

GRUPO 2

PROGRAMA	**PROJETO**	**PROCESSO**
Programas internos institucionalizados que as áreas realizam de forma sistemática como, por exemplo, programas de RH.	Projetos que são desenvolvidos a partir de uma necessidade e que possuem início, meio e fim.	Políticas, diretrizes, regras e procedimentos internos.

Que podem estar em diferentes estágios.

Entretanto, não basta identificarmos a demanda e a sua origem. É preciso levar em consideração que esses dois grupos exigem raciocínios diferentes.

RACIOCÍNIO PARA O GRUPO 1

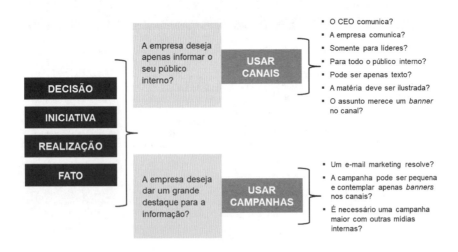

RACIOCÍNIO PARA O GRUPO 2

Aqui, preciso salientar que são muitas as perguntas a serem feitas diante da demanda de comunicação de um programa, projeto ou processo. O gráfico abaixo contém algumas delas como exemplos. Porém, muitas outras poderão surgir.

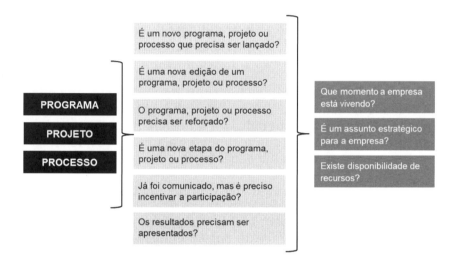

Somente a partir de análises como essas é possível definir o uso de canais de Comunicação Interna ou a realização de campanhas de Endomarketing.

Campanhas informativas vs. campanhas motivacionais

No momento em que a empresa toma a decisão de que o conteúdo deva ser repassado por meio de uma campanha de Endomarketing, é preciso definir, ainda, se a campanha será informativa ou motivacional.

A campanha informativa, obviamente, deve ser mais direta e literal, enquanto a campanha motivacional deve ter argumentos criativos e emocionais. Dentro desse contexto, entra o *storytelling*, ou seja, a empresa precisa se tornar uma "contadora de histórias" na voz dela mesma e das pessoas que nela trabalham. Afinal, nada emociona mais do que uma boa história. Da mesma forma, nada gera mais aprendizado do que uma história bem contada, pois o cérebro é metafórico e aprecia esse tipo de experiência.

Se a retenção é decorrente do engajamento, precisamos levar em consideração que os seus níveis de acontecimento sejam o racional e o emocional. Dentre outros fatores, pode-se dizer que o engajamento racional será decorrente de campanhas informativas, ou seja, de argumentos concretos, enquanto o emocional acontecerá por meio de campanhas que possuam uma essência motivacional.

Estou me referindo a uma contribuição efetiva do Endomarketing para a retenção de colaboradores por meio de campanhas envolventes, interativas e emocionais que aconteçam de forma sistemática e que realmente sejam capazes de atingir todos os segmentos do público interno.

De forma prática, vale registrar que muitas empresas ainda cometem o erro de focar as campanhas de Endomarketing apenas no seu lançamento. É comum as empresas lançarem campanhas e esquecerem de dar continuidade ao tema, deixando o assunto desaparecer da mente do público interno.

Uma campanha eficiente é aquela que tem início, meio e fim, que conta uma história para as pessoas e que termina no resultado, ou seja, não pode apenas provocar as pessoas e, depois, não ter continuidade. É por isso que muitos programas, projetos e processos divulgados internamente por meio de campanhas caem no descrédito e fazem as pessoas pensarem que "trata-se de apenas mais um programa entre tantos outros que a empresa já lançou".

Outro fator relevante é a participação do líder nas campanhas. A empresa que valoriza seus líderes em todas as suas ações, distinguindo-os no que se refere à informação e os instrumentalizando para que possam repassar ou reforçar determinado conteúdo junto à sua equipe, obtém resultados significativos no que se refere à assimilação das mensagens e ao engajamento por parte das pessoas.

O grande segredo está, portanto, na profundidade do conteúdo, na abordagem emocional e na qualidade das ações e dos instrumentos que, quando entregues pelos meios adequados — o que inclui o líder —, tornam-se não apenas eficientes, mas eficazes em nível de retenção.

Afinal, sabemos que nada representa melhor o resultado de uma campanha de Endomarketing do que o momento quando o colaborador volta para casa e conta para a sua família o que aconteceu na empresa naquele dia. Melhor ainda é quando ele leva algo que represente a campanha para contribuir com a sua história.

Endomarketing que deixa saudade

Embora considere um tanto inadequado abordar essa questão neste capítulo que é dedicado à retenção, gosto de pensar que o Endomarketing bem feito deixa saudade. Quando uma pessoa troca de emprego, uma das coisas que ela mais lembra e comenta no novo ambiente de trabalho é o que a empresa anterior fazia em nível de Endomarketing.

Eu poderia trazer muitos exemplos do que planejamos e criamos em nível de campanhas na agência que dirijo. Entretanto, uma mesma estratégia não pode ser adotada por diferentes empresas. É preciso identificar qual a ideia/estratégia que melhor se adapte ao segmento em que ela atua, ao perfil do seu público interno, ao momento em que ela se encontra e ao tipo de gestão que possui, além de muitos outros fatores.

Mas existem algumas questões que são básicas e que precisam permear qualquer processo de Endomarketing, ainda mais diante do que considero o "novo público interno" — pessoas com um alto nível de informação e com acesso a tecnologias que não param de surgir.

Existem empresas que aprovam uma campanha "porque está bonita" e que fazem "a festa pela festa" sem haver um conceito importante sendo trabalhado naquele momento, que pode não ser apenas motivacional, mas também informativo.

Entre as muitas campanhas de Endomarketing que uma empresa deve fazer, existem sete que considero estratégicas porque contribuem para o engajamento e a consequente retenção:

- campanhas de lançamento, reforço ou revitalização da cultura (propósito, missão, visão e valores);

- campanhas sobre o negócio, incluindo produtos e serviços;

- campanhas de programas, projetos e processos de Recursos Humanos em geral, com ênfase em benefícios e incentivos;

- campanhas de qualidade de vida, o que inclui segurança e outros cuidados com as pessoas;

- campanhas de *compliance* (códigos de conduta, canais de ética etc.);

- campanhas de diversidade; e

- campanhas de prevenção à Covid-19.

Além dessas, muitas outras deverão ser realizadas a partir de demandas específicas.

Como estratégias para campanhas de Endomarketing, sugiro:

- uma etapa *teaser* para chamar a atenção dos colaboradores ao tema;

- um lançamento com argumentos que expliquem "o que é" aquele assunto, ou seja, como a empresa deseja que os colaboradores olhem para ele;

- um conjunto de ações e instrumentos informativos, motivacionais e interativos que convidem as pessoas a assimilarem informações, participarem das ações etc.; e

- um encerramento que traga os resultados da campanha, pois é comum as empresas solicitarem o engajamento das pessoas e, depois, não darem retorno a elas.

Trago aqui, também, o poder da ambientação da empresa com grandes campanhas. Os escritórios, as fábricas e os mais diversos locais de trabalho deverão estar cada vez mais repletos de novas mídias, o que é muito bom, pois

AS CAMPANHAS DE ENDOMARKETING SÃO PROCESSOS EDUCATIVOS, E O APRENDIZADO ACONTECE 75% PELA VISÃO.

Muitas empresas, inclusive, estão se preparando dessa forma para receber seus colaboradores no retorno pós-pandemia Covid-19.

A verdade é que sempre existem formas e espaços a serem explorados pelo Endomarketing. Durante a pandemia, essas iniciativas chegaram, inclusive, à casa dos colaboradores, pois as empresas quiseram estar presentes no *home office*. Como muitas pessoas continuarão a trabalhar remotamente, esse tipo de ambientação certamente seguirá existindo.

Ainda como estratégia de retenção por meio de campanhas de Endomarketing, sugiro a criação de um padrão com elementos básicos que deverão estar presentes em todas as campanhas, trazendo unicidade ao processo. Assim, em vez de as campanhas serem totalmente diferentes uma das outras, elas terão elementos comuns que farão o colaborador identificá-las como "da sua empresa".

Esse padrão pode ser geral ou específico para as campanhas de Recursos Humanos e deve estar alicerçado no propósito, em elementos da cultura ou num desenho de *EVP – Employee Value Proposition*.

As campanhas colaborativas

Hoje, as empresas estão revisitando os elementos da sua cultura e os divulgando por meio de campanhas que literalmente vestem as empresas. Mais do que isso, algumas dessas empresas estão realizando esforços colaborativos para a construção de conteúdo, o que gera muito resultado em nível de engajamento.

As campanhas colaborativas estão sendo, cada vez mais, uma realidade. Um exemplo foi a forma como a empresa Uber revitalizou a sua cultura. Sobre isso, disse o presidente Dara Khosrowshahi: "Sinto fortemente que a cultura precisa ser escrita de baixo para cima. Uma cultura que é empurrada de cima para baixo não funciona, pois as pessoas não acreditam nela. Portanto, em vez de escrever novos valores em uma sala fechada, pedimos aos nossos funcionários suas ideias. Mais de 1.200 deles enviaram propostas que foram votadas mais de 22.000 vezes. Também realizamos mais de 20 grupos de foco com representantes dos nossos Grupos de Recursos de Funcionários e dos nossos escritórios internacionais".

A revitalização da cultura da empresa Pernambucanas também foi colaborativa, iniciando com enquetes feitas na rede social interna com a participação de todos os colaboradores.

Quando criei a Happy, tive, como base, três valores pessoais: disciplina, disponibilidade e delicadeza. Alguns anos depois, a equipe propôs agregar mais três Ds: determinação, desempenho e descontração. Desde então, esses seis Ds têm norteado o nosso comportamento e a nossa atuação.

Quando me refiro a esforços colaborativos — o que é uma realidade e, ao mesmo tempo, uma tendência, pois a cocriação está ganhando crescente espaço —, gosto de citar o fato de que o nome da Nike foi criado por meio da contribuição de todos os colaboradores que já trabalhavam na empresa antes da sua fundação em 1964. Essa votação foi incentivada pelo seu fundador, Phillip Knight, considerado um visionário.

Além de colaborativas, as campanhas estão se tornando diferenciadas e interativas. Na Copa do Mundo de 2018, quando a GOL Linhas Aéreas teve o jogador de futebol Neymar como garoto propaganda, a empresa instituiu um *hotsite* chamado "Craques Bom de Gol", por meio do qual os colaboradores eram convidados a criar caricaturas nas quais eles apareciam interagindo com o craque. A caricatura podia ser salva e compartilhada nas redes sociais.

Há pouco tempo, a empresa Netshoes fez um evento totalmente imersivo para comunicar a sua nova cultura. Ao chegarem no evento, os colaboradores eram impactados pela remontagem da primeira loja da empresa, que era em uma garagem. Em seguida, entravam em um túnel do tempo onde os grandes marcos da empresa foram reforçados. Depois, cada turma que passava pelo evento participava de um bate-papo com o presidente da empresa para falar de cada um dos valores. A fim de sustentar a campanha, foi disponibilizado um site no qual os colaboradores poderiam relatar elogios aos colegas que melhor representassem os valores e, de acordo com o número de elogios, os colaboradores que os acumulavam ganhavam *badges* especiais para a intranet.

Criatividade e diferenciação

Quanto mais criativas forem as decisões, as iniciativas e os fatos a serem comunicados, maiores serão as chances de serem concebidas campanhas colaborativas e diferenciadas. Percebi isso quando vi a primeira-ministra da Nova Zelândia, Jacinda Ardern, propor à população daquele país uma semana de quatro dias úteis. O meu pensamento foi: isso pode gerar uma grande campanha.

Como exemplos de iniciativas criativas, quero citar alguns movimentos que foram divulgados e comentados nas redes sociais nos últimos tempos. São eles:

O presidente da empresa Natura, em meio à pandemia Covid-19, enviou um *invite* para todos os colaboradores marcando uma reunião para o horário do meio-dia, porém o objetivo era apenas bloquear as suas agendas para que todos valorizassem o momento de almoçar com a família, já que em *home office* a tendência das pessoas é extrapolar o horário de trabalho, comprometendo atividades pessoais.

Existem, também, empresas que proibiram seus colaboradores de realizar reuniões *on-line* entre terça e quinta-feira para evitar o efeito *zoom fatigue* (cansaço gerado pelo excesso de videoconferências).

A empresa Apple criou máscaras especiais para os seus colaboradores, entregando a eles um modelo que não atrapalha o uso de óculos, recurso necessário para muitas pessoas no exercício das suas atividades.

A empresa PWC encorajou seus colaboradores em *home office* para que, em determinados momentos, trabalhassem em pé a fim de estimular a circulação sanguínea. Para isso, enviou às pessoas um *balance board* (prancha de equilíbrio, criada para habilidades circenses, recreação, treinamento de equilíbrio, treinamento atlético, desenvolvimento do cérebro, terapia, treinamento musical e outros tipos de desenvolvimento pessoal).

São iniciativas como essas que devem ser divulgadas por meio de campanhas ou de instrumentos de Endomarketing. O erro que muitas empresas ainda cometem é o de não aproveitar essas oportunidades para capitalizá-las em nível de motivação e engajamento, resumindo a sua divulgação a um parágrafo em qualquer canal de Comunicação Interna.

5.5.2
Integração

E**nfim é chegado o momento** de abordar a importância da integração dentro das empresas — desta vez, não a integração individual de um novo colaborador à empresa, e, sim, no coletivo, entre pessoas, fator determinante para a retenção.

O clima organizacional

Para tanto, é preciso abordar o conceito de clima organizacional, que nada mais é do que a percepção coletiva que os empregados têm da empresa em que trabalham. O clima reage à cultura organizacional de maneira positiva ou negativa, como um recorte de como as pessoas interagem entre si e quanto tais pessoas estão satisfeitas com o contexto que as cerca.

Trago aqui a metáfora do "efeito dominó" para ilustrar a ideia de ação e reação: se um colaborador está feliz e motivado, isso é passado para os demais, elevando, portanto, o clima organizacional. O resultado disso se vê em maiores graus de satisfação e, especialmente, engajamento. O contrário, todavia, também se faz verdade: motivações baixas contagiam o ambiente de sentimentos negativos.

Para reconhecer o clima, existem as pesquisas — instrumentos de gestão usados há muito tempo pela maioria das organizações que, obviamente, precisam ser adequados às necessidades distintas de cada uma. Depois de avaliado o clima, pode-se partir para o desenvolvimento de técnicas de integração dentro da empresa, seja para reverter pontos negativos advindos da pesquisa, seja para fortalecer os resultados positivos.

Mas, afinal, por que integrar? Ora, para que as pessoas sejam mais felizes na empresa e queiram permanecer nela.

A mais longa pesquisa longitudinal de que se tem notícia, pois vem sendo realizada há 79 anos pela Universidade de Harvard, sobre a vida de um grupo de homens americanos, revela que o que mantém as pessoas felizes e saudáveis são bons relacionamentos. Isso é suficiente para entendermos o quanto a integração entre pessoas é importante para a retenção.

Na ótica do Endomarketing, a integração é decorrente de eventos internos, momentos em que a empresa reúne as pessoas por um determinado motivo e promove a interação com elas e entre elas. Esses eventos podem ser desde uma simples comemoração dos aniversariantes do dia/semana/mês até uma convenção anual.

Informação vs. integração

Há algum tempo, os eventos de informação passaram a ser de integração, sendo que o contrário também acontece. Uma convenção de líderes, por exemplo, é um evento de informação, mas também de integração, pois é composta de espaços e ações nas quais as pessoas interagem.

Costumo chamar esses eventos de rituais internos, pois acabam se tornando uma prática que se repete todos os anos e passam a fazer parte da cultura da empresa, motivo pelo qual se tornam tão importantes na composição do clima organizacional.

Ao realizar processos de diagnóstico nas empresas, muitas vezes me deparei com o ressentimento das pessoas em relação a rituais que foram extintos e, com isso, cheguei à conclusão de que a imagem interna da empresa pode ser fortemente afetada por decisões como essa. Em vez de acabar com rituais, as empresas deveriam modernizá-los e, até mesmo, substituí-los, pois o fato de não serem mais realizados denota um sentimento de desvalorização nas pessoas.

Rituais internos servem para promover encontros entre pessoas de diferentes áreas, unidades e negócios, e é disso que elas mais gostam: verem e serem vistas, trocar ideias e experiências, compartilhar percepções e sentimentos, além de usufruir de algo que lhes foi proporcionado pela empresa. Contudo, a certeza em relação a isso nos leva ao desafio atual: como promover a integração em tempos de *home office*?

Espaços colaborativos vs. *home office*

A vida é feita de dicotomias e paradoxos. No exato momento em que as empresas estavam investindo em ambientes colaborativos com espaços diferenciados, confortáveis e atrativos para a integração das pessoas em intervalos tanto de descanso ou refeição quanto de reunião, chegou a pandemia Covid-19 e deixou esses lugares vazios ou semivazios.

A verdade é que descobrimos, recentemente, o quanto uma pandemia pode "obrigar" as empresas a mudarem a forma como até então se movimentavam. A integração de colaboradores, na minha análise, foi um dos fatores mais impactados, pois as pessoas estão impedidas do contato físico. E, no meio digital, mesmo com o recurso da câmera, é muito difícil perceber o estado emocional da pessoa com a qual estamos falando, o que dificulta a integração.

Mesmo assim, desde o início da pandemia Covid-19, tenho sugerido que as empresas não abram mão dos seus rituais, transformando-os em versões digitais, o que tem acontecido. Neste caso, pelo menos a informação fica preservada, pois a integração entre as pessoas, de fato, não acontece.

Os eventos digitais

Atrair colaboradores para eventos digitais é um desafio. Nesse sentido, as empresas têm investido em cenários impactantes, além de ferramentas de interação como o Mentimeter (aplicativo para criar apresentações com *feedback* em tempo real), que possibilita a realização de pesquisas. As empresas estão utilizando, também, a Miro (ferramenta de colaboração remota muito útil para realizar reuniões, oficinas e *workshops*), que permite às pessoas interagir e colar *post-its* simultaneamente. Soube de uma empresa que criou, inclusive, uma praia virtual em que os colaboradores podiam montar seus avatares e participar juntos de um luau com *show* virtual.

Realizar eventos digitais é um aprendizado que ficará para sempre, pois, no passado, era comum as empresas priorizarem segmentos de público interno, normalmente os líderes, nos seus grandes eventos por uma questão de custos. Hoje, é possível envolver a todos, e o que podemos prever é que o digital passará a ser uma possibilidade para as empresas no pós-pandemia Covid-19, embora nada substitua o presencial.

Ao planejar eventos corporativos, uma empresa precisa ter em mente os objetivos que deseja alcançar em nível de motivação e engajamento dos colaboradores, além de reforçar o sentimento de pertencimento e incentivar as pessoas a "vestirem a camisa".

A integração com conceito

Sob o ponto de vista do Endomarketing, defendo a ideia de que todo ritual, mesmo que seja apenas de integração (sem nenhum espaço informativo), precisa ter um conceito alinhado ao propósito, ao posicionamento ou ao momento da empresa. Mesmo num evento para colaboradores e suas famílias, é possível associar o conceito e a programação visual a algo importante que esteja acontecendo na empresa.

Sobre isso, gosto de citar uma grande empresa de mineração para a qual trabalhamos por muito tempo que, para divulgar a sua dimensão no momento em que chegou a ter unidades em mais de 30 países, trouxe o conceito da globalização para a sua festa de final de ano e a chamou de "Natal das Nações". O ambiente foi decorado com bandeiras e roupas típicas de cada país onde a empresa estava, provocando orgulho nos colaboradores pela dimensão do que ajudavam a fazer.

Campanhas que incentivam a integração

Uma ação que tem sido usada por empresas que estão retornando aos poucos ao trabalho é enviar aos colaboradores uma pulseira de borracha colorida. No primeiro dia do retorno, ao chegarem na empresa, as pessoas devem procurar colegas que possuam a pulseira da mesma cor para conversar sobre como viveram o período de *home office* e, assim, poder se integrar a pessoas de outras áreas.

O mesmo conceito é amplamente usado em lançamentos de programas de cultura, quando as empresas entregam um conjunto de lápis ou pulseiras (já vi usarem, inclusive, fitinhas do Nosso Senhor do Bonfim) da mesma cor, representando um determinado valor, e desafiam os colaboradores a interagir com os colegas para que troquem seus objetos, de forma que todos consigam completar o conjunto de cores, ou seja, que tenham todos os valores consigo.

Obviamente, a integração é muito mais difícil de ser promovida em empresas globais, não restando outra opção exceto o meio digital. Em 2019, a Happy foi responsável por lançar o primeiro *game* integrado à plataforma Workplace, que teve como objetivo integrar mais de cinco mil colaboradores distribuídos nas Américas, na África, na Europa e na Ásia. Para isso, foi empregada a técnica de gamificação.

O *game* #TeamUp – The Journey envolveu nove desafios propostos para estimular a interação entre colegas e promover informações estratégicas da empresa na rede social interna. As etapas do jogo continham tarefas como: aprimorar o perfil na plataforma; conectar-se com colaboradores da mesma área, mas de outros países do Grupo; pedir ajuda aos colegas para desbloquear os próximos desafios; compartilhar experiências de uso dos classificados *on-line*; e responder a questões sobre o negócio. Esse *game* acelerou a curva de aprendizado e a utilização do Workplace, empoderando os colaboradores do Grupo OLX para a divulgação das suas conquistas do dia a dia e para a interação com colegas de todo o mundo.

A ação conquistou grande engajamento do público interno. Foram 4.810 jogadores, totalizando 95% de participação, 98% de comentários positivos, 7.638 posts publicados, 23.009

interações entre colegas de diferentes países e 2.995 histórias e experiências compartilhadas. Foi observado um aumento de 400 usuários ativos durante o jogo — de 3,6 a 4mil usuários no mês —, e as interações, que eram entre 200 e 500 postagens e 500 a 1.000 comentários por semana, cresceram para 3,1 mil *posts* e 5,6 mil comentários.

"O jogo incentivou a participação de colaboradores de áreas que normalmente não ficam tão conectadas às notícias globais do Grupo OLX, como Logística, Suporte e Serviço ao Cliente. Além disso, o *quiz*, os vídeos e os depoimentos de encontros com clientes geraram bastante conhecimento sobre a empresa e promoveram um aumento significativo das interações no Workplace", explicou Ana Carolina Garcia, *Head Global* de Comunicações do Grupo OLX.

Para reconhecer os vencedores do *game*, cada mercado que completou 60% de participação teve os cinco principais ganhadores premiados com uma caneca e um par de Havaianas personalizadas. Além disso, os cinco colaboradores que mais se engajaram em todo o jogo ganharam uma viagem a Amsterdã para conhecer a sede do Grupo OLX.

As características do meio *on-line* realmente permitem uma redução nas distâncias entre colaboradores que estão separados por continentes, provando que, de alguma forma, é possível promover a integração.

No âmbito local, ou seja, desenvolvidos na sede da empresa ou numa unidade e de forma presencial, estamos vendo acontecer ações que estimulam o consumo colaborativo e que servem como forma de integração entre pessoas. Esse é um movimento já observado nas empresas, como a criação de grupos de carona, feiras orgânicas internas, brechós para que os colaboradores pratiquem o desapego e possam vender aquilo que não usam mais, dentre outros.

No mesmo espírito, a empresa L'Oréal realiza o *Citizen Day*, um evento de voluntariado que reflete a convicção da empresa de que cada pessoa tem um papel a exercer. A cada ano, desde 2010, os colaboradores dedicam um dia inteiro de trabalho para oferecer sua habilidade e sua energia a uma série de associações nas áreas social e ambiental. Por meio dessa ação, que pode ser considerada de integração entre os colaboradores, eles já limparam espaços ao ar livre, realizaram *workshops* sobre bem-estar para pessoas em situação de vulnerabilidade, pintaram centros que recebem pessoas de terceira idade ou desfavorecidas, e ajudaram pessoas em busca de um emprego a montar seu currículo.

A verdade é que, se formos colocar na ponta do lápis, muitas ações realizadas pelas empresas com objetivos diversos podem ser consideradas de integração e, com isso, contribuir para a retenção de talentos. Afinal, quanto mais desenvolvida cultural e intelectualmente for uma pessoa, mais ela valorizará movimentos realizados pela empresa dos quais possa se orgulhar.

5.5.3.
Reconhecimento

Costumo resumir o **Endomarketing** em ações e instrumentos de informação, integração, reconhecimento e celebração. Tudo o que for feito no sentido de vender a imagem da empresa para dentro e proporcionar o melhor ambiente organizacional para o colaborador pode ser colocado dentro dessas quatro frentes. Da mesma forma, todas elas podem ser consideradas esforços de retenção.

Até aqui, abordei a importância da informação como produto da Comunicação Interna e a integração como essencial para que os colaboradores sejam mais felizes no ambiente de trabalho. Agora, quero me deter na importância de a empresa reconhecer o seu público interno.

Começo afirmando que ainda existem empresas que acreditam que a motivação pode ser decorrente de concursos internos e de recompensas como certificados e troféus. Porém, quando questionamos colaboradores em relação a isso, eles demonstram não ter a mesma percepção.

O reconhecimento natural

Para o público interno, principalmente o da base da pirâmide organizacional, um dos melhores reconhecimentos em relação ao seu valor como profissional é ser chamado na sala de um gestor para receber um elogio verbal.

Outra forma de reconhecimento extremamente valorizada é a seleção para uma nova atribuição ou uma tarefa desafiadora e importante. Resumindo, a maior parte dos colaboradores pensa da seguinte forma: "se o meu líder valoriza o meu trabalho, deve demonstrar isso proporcionando-me uma tarefa de maior valor para fazer". Isso significa que, quando um líder seleciona pessoas da sua equipe para um trabalho ou papel importante e visível, está proporcionando a elas evidências de que realmente são apreciadas pelo talento e pela competência que possuem.

Especialistas em motivação destacam que as pessoas querem fazer um bom trabalho. O orgulho de algo bem feito é um dos motivadores mais poderosos que existe. Entretanto, muitas vezes, os líderes planejam ou gerenciam a tarefa de tal forma que se torna impossível, para as pessoas, acreditarem que estão fazendo o melhor. Isso gera frustração que, por fim, leva à exaustão.

> *OS DESAFIOS PODEM SER GRANDES MOTIVADORES QUANDO OS EMPREGADOS CONSEGUEM OLHAR PARA ELES COMO OPORTUNIDADES, E NÃO COMO PROBLEMAS.*

Por meio da valorização, qualquer equipe pode ser encorajada a levar seu desempenho além do esperado. Mas cuidado: o elogio deve ser considerado apenas na via positiva, ou seja, evitando que haja confusão com exibicionismo ou ego. O que deve ser explorado é a demonstração de que um empregado está agregando valor para a empresa e contribuindo positivamente para os resultados.

A cultura do elogio

Aqui, aproveito para falar sobre a cultura do elogio, que é quando expressar admiração, aprovação e alegria por um trabalho bem feito é parte do jeito de ser da empresa.

O elogio produz uma energia fantástica na pessoa. Após receber um elogio, ela passa a experimentar a sua vida como algo milagroso e a acreditar na sua capacidade de fazer mais.

Os líderes em geral sabem que precisam praticar o elogio e muitos acreditam que o fazem numa frequência aceitável. Mas pergunte aos empregados se eles têm a mesma percepção. Normalmente, não. Assim como os líderes têm dificuldades em elogiar, as pessoas têm dificuldades em identificar um *feedback* positivo como um elogio.

Ao analisarmos a pesquisa de clima de um cliente da agência, chegamos à conclusão de que precisaríamos criar um mecanismo capaz de incentivar as lideranças, consideradas rudes pelos seus subordinados, a praticar a técnica do elogio. E, para isso, encontramos uma forma de corporificar o elogio e medir a sua prática: um banco de elogios. Isso aconteceu há muitos anos, e foi um processo analógico por meio do qual o líder recebia um talão de cheques-elogios, preenchia o "cheque" e o entregava para a pessoa, simbolizando o reconhecimento. Aqueles colaboradores que juntassem cinco cheques-elogio podiam trocá-los por uma camiseta. Essa estratégia foi usada por muitos anos pela empresa.

Assim, a valorização de colaboradores nas empresas vem acontecendo por meio de:

- elogios de superiores e/ou colegas de equipe;

- promoções e/ou novas atribuições, demonstrando confiança dos superiores;

- reconhecimento público (fora da empresa), como prêmios e certificados; e

- viagens, bônus ou premiações em dinheiro.

Esses elementos, sem dúvida alguma, são formas de reconhecer o valor dos empregados e o trabalho desempenhado por eles diariamente. Entretanto, estamos vivendo uma transição no que se refere a reconhecimento, que está deixando de ser monetizado para se transformar em experiência.

Na empresa B3 (Bolsa de Valores Brasil), existe o Portal do Reconhecimento, no qual os colaboradores acumulam pontos por completar tempo de casa, receber uma boa avaliação em projetos, dentre outros critérios. Esses pontos são trocados por cursos e oportunidades de desenvolvimento dentro do conceito de protagonismo que coloquei no início deste capítulo. Como oportunidade de desenvolvimento, a empresa oferece, inclusive, um almoço com o presidente.

Contudo, o reconhecimento não precisa ser apenas da empresa para com o seu público interno. Na BeryHealth, empresa americana de *call center* para hospitais, foi criado um ritual muito simples (mas que funciona para o porte da empresa) cujo instrumento é um e-mail chamado "Coisas boas de sexta", no qual os colaboradores podem publicar um agradecimento ou um reconhecimento especial para seus colegas. Atualmente, esse e-mail é muito esperado por todos os colaboradores como uma forma de reconhecerem uns aos outros.

Reconhecimento pela cultura

Até pouco tempo atrás, o reconhecimento corporativo vinha acontecendo basicamente devido ao tempo de casa e ao cumprimento de metas. Embora essas formas continuem sendo válidas e muito praticadas, existe uma novidade que tem a ver com o quanto as empresas estão priorizando trabalhar seu propósito e, principalmente, seus valores.

Ocorre que os *millennials* já são quase maioria nas empresas, inclusive ocupando cargos de liderança, o que determina um processo de adequação. Afinal, esse público está dando novas cartas e recolhendo aquelas que priorizavam apenas os bens materiais. Na mesa atual, vemos o reconhecimento totalmente associado à cultura e à importância de distinguir as pessoas pela prática dos valores, o que, na maioria das vezes, envolve o líder direto, incentivando-o a se desenvolver na prática do reconhecimento.

Como exemplo, trago uma empresa de telefonia para a qual criamos um *hotsite* chamado Aplauso. Nele, os colaboradores votavam nos colegas que, segundo sua opinião, representavam cada um dos valores da empresa. No final do mês, cada um dos mais votados recebia um vídeo no qual toda a diretoria da empresa o aplaudia. Logo em seguida, recebia um *pin* para colocar no cordão do crachá, acompanhado de um cartão do presidente.

Quanto custa um vídeo com uma única cena na qual os diretores aplaudem uma pessoa? Muito pouco. Porém o valor não está no vídeo, e, sim, no gesto da diretoria aplaudindo o colaborador.

Nos cursos de comunicação face a face para lideranças que ministro nas empresas inclusive virtualmente, defendo a ideia de que o líder não deve ficar esperando que a empresa crie um grande programa de reconhecimento para praticá-lo na sua área, pois

UM SIMPLES APLAUSO PODE MUDAR O MINDSET DE UM COLABORADOR, COLOCANDO-O EM OUTRO PATAMAR.

Muitas vezes, o reconhecimento acontece de forma coletiva e sem um motivo específico. É quando a empresa, por exemplo, escolhe um momento para valorizar toda a sua equipe. Recentemente, a empresa Bimbo Brasil decidiu homenagear e agradecer aos seus colaboradores por todo o esforço durante o período de pandemia Covid-19, e o fez colocando seus nomes nas embalagens de um dos seus produtos (Bisnaguito Pullmann). Além disso, veiculou vídeos e publicações de sustentação da mensagem para que todos conhecessem as pessoas que trabalham na fábrica preparando seus produtos.

Penso que todas as empresas deveriam parar para fazer isso em algum momento, pois é algo de que as pessoas não se esquecem.

E, se a Comunicação Interna é um processo de mão dupla, por que não realizar um movimento no sentido de os colaboradores reconhecerem a direção da empresa? Embora pouco lembrada, essa pode ser uma boa estratégia para reforçar a imagem e a credibilidade dos membros da diretoria. Neste caso, deve-se mobilizar os colaboradores ou um grupo deles para que pensem e realizem a ação. Neste sentido, trago mais um exemplo: quando o presidente de uma grande rede de varejo deixou o cargo por ter completado a idade máxima para ele, os colaboradores se reuniram num grande corredor humano para que ele passasse durante o evento de despedida. Além disso, entregaram a ele um livro com histórias que relatavam momentos em que colaboradores se sentiram inspirados por ele.

Reconhecimento pela inovação

Um líder também pode praticar o reconhecimento na sua área através da inovação, que é um dos grandes objetivos das empresas neste momento e que caminha junto à criatividade. Ao estimular a inovação, o líder terá muitas oportunidades para reconhecer e, com isso, engajar as pessoas.

Nesse sentido, entendo que o líder deve:

• permanecer aberto a ideias, acreditando que as estruturas existem, também, para sofrer adaptações. Se uma ideia parece muito ousada num futuro próximo, o líder deve considerar os efeitos dela a médio e/ou longo prazo antes de simplesmente descartá-la;

• empoderar o elogio, ou seja, substituir críticas por *feedbacks* construtivos e elogiosos;

• expandir as linhas de comunicação, reconhecendo a importância de ouvir as pessoas e se assegurando de que elas se sentem à vontade para falar;

• fazer o controle de dados. Se falhou, o líder pode optar por agir com produtividade em vez de emoção, pois esta nos leva a culpar as pessoas, enquanto aquela conduz a novos desfechos. Isso significa ver as falhas como um passo em direção ao sucesso; e

• dialogar consigo mesmo, ou seja, desempenhar uma inspeção autocrítica como ponto de partida para poder fazer o mesmo com os demais.

A proposta do Endomarketing, na esfera do reconhecimento, é promover ações que o viabilizem numa base consistente, porém diversa, pois é algo que pode ir de pequenos esforços, como um bilhete ou um cartão, até algo memorável e significativo, como uma grande experiência.

Quando penso em reconhecimento, pergunto-me quantas pessoas sonham em dar uma volta num carro de Fórmula 1, viajar de avião, assistir ao show de um determinado artista, conhecer o mar, visitar outro país, assistir a um jogo do seu time de camarote, conhecer uma celebridade, levar a família para jantar num restaurante famoso ou até mesmo jantar com o presidente da empresa na qual trabalha.

Os sonhos, certamente, são os mais variados e representam experiências que a empresa pode proporcionar e que as pessoas jamais esquecerão.

Remuneração variável

Acredito na remuneração variável como uma forma de reconhecimento e, consequentemente, de retenção. Todo e qualquer ser humano tem necessidades de recompensação. Isso se vê, por exemplo, na pirâmide de Maslow, que mostra justamente a importância da estima, do reconhecimento e do potencial de desempenho das funções.

Além de suprir essa necessidade, a remuneração variável também é capaz de tirar as pessoas das suas zonas de conforto, ao mesmo tempo em que incentiva o comprometimento.

Como exemplos desse tipo de remuneração, existem o PPR — Programa de Participação nos Resultados — e o PLR — Participação nos Lucros e Resultados.

O PPR parte da premissa de sempre premiar os empregados quando as metas são atingidas, ou seja, mesmo se uma empresa sofrer prejuízos no caminho, o PPR estará garantido, pois os lucros não são levados em consideração.

Já o PLR é uma gratificação que depende dos lucros. Essa forma de remuneração variável é amplamente utilizada pelas empresas do mundo todo a fim de que seus empregados cumpram as metas propostas.

O fato de a empresa ter uma política de remuneração variável e cumpri-la pesa consideravelmente na decisão de uma pessoa diante de duas ou mais propostas de emprego, por isso a considero uma estratégia tanto de atração e seleção quanto de retenção.

O acompanhamento de resultados

Um dos problemas que observo em relação a isso é a dificuldade que algumas empresas têm de permitir que os seus colaboradores acompanhem os resultados da empresa. Quando não existe esse acompanhamento, o momento em que ficam sabendo a quantia destinada a eles como participação nos resultados é sempre de surpresa — que, por sua vez, pode ser positiva ou negativa.

O ideal é que o público interno acompanhe os resultados mês a mês, mesmo que apenas por percentuais, painéis e outros instrumentos demonstrativos, pois a comunicação do processo é totalmente decisiva para uma percepção positiva.

Ainda sobre remuneração variável, sempre sugiro aos nossos clientes que, no momento da divulgação do pagamento, haja uma campanha de agradecimento aos colaboradores e valorização da atitude da empresa em compartilhar seus resultados financeiros. Recomendo isso porque entendo que a sistemática, ou seja, o fato de acontecer todo o ano, faz esse tipo de benefício eventualmente deixar de ser percebido pelos colaboradores como um reconhecimento por parte da empresa.

5.5.4.
Celebração

Já houve um tempo em que qualquer celebração poderia ser interpretada como exibicionismo, motivo pelo qual as demonstrações públicas de orgulho deveriam ser evitadas. Isso explica o fato de alguns diretores de empresas, representantes da Geração X, terem dificuldade de praticar o merecimento.

Dentro desse contexto, é comum ouvirmos em diagnósticos de Comunicação Interna e Endomarketing a frase: "esta é uma empresa que não sabe celebrar". Na verdade, são empresas que "não se permitem" celebrar.

O sentimento de merecimento

Merecimento significa a qualidade em função da qual se merece prêmio, apreço e estima. Mais do que isso, significa valor, mérito e importância.

Praticar o merecimento é de extrema valia, pois, quando nos julgamos merecedores, somos capazes de nos comprometermos verdadeiramente com nossos sonhos mais autênticos. Contudo, se temos dúvidas sobre o nosso merecimento, acabamos sabotando nossas capacidades e nossa busca por objetivos que nos trariam a realização que tanto almejamos.

Uma vez, realizando um diagnóstico de Comunicação Interna e Endomarketing para uma grande empresa de varejo, ouvi de um jovem: "eu era muito tímido até entrar nesta empresa. Aqui, a gente comemora e vibra tanto, que a minha autoestima foi aumentando. Hoje, eu consigo sentir orgulho não só da empresa, mas de mim também".

O celebrar depende, portanto, de dois fatores: acreditar que merecemos aquilo que aconteceu ou que está acontecendo; e valorizar sobremaneira algo que já existe e que, no nosso entender, merece ser destacado.

> *CELEBRAR É RITUALIZAR UM DIA QUE SERIA NORMAL, É INSERIR ALGUM TIPO DE MARCO NUMA DATA, UMA SIGNIFICAÇÃO AO HABITUAL.*

E, quando celebramos coletivamente, temos oportunidades de integração e interação entre pessoas. No meio corporativo, não é diferente, além do fato de que celebrações servem para promover a descontração, fator tão importante para um ambiente organizacional leve, onde as pessoas gostem de estar.

Contudo, celebrações corporativas não devem ser meras celebrações. É fundamental que sejam elaboradas com foco no tipo de mensagem que a empresa deseja passar aos seus colaboradores. Mas, afinal: celebrar o quê?

Aniversário e tempo de empresa

Em primeiro lugar, a empresa deve celebrar o aniversário dos seus colaboradores, o que pode acontecer por meio de uma comemoração semanal ou mensal, ou apenas por meio de um registro na forma de mensagem por parte da empresa. Quanto maior a empresa, mais difícil é comemorar o aniversário de cada colaborador. Por isso, refiro-me ao registro — o importante é não deixar que a data passe em branco.

Conheço uma grande empresa de varejo na qual o presidente manda os parabéns para 100% dos colaboradores por meio do *chat* no Workplace. Na Happy, como temos cerca de 80 colaboradores, costumo fazer um post específico para cada aniversariante também no Workplace. Faço o mesmo quando o colaborador completa mais um ano na agência. Assim, cada um recebe, pelo menos, duas homenagens ao ano.

Para celebrar os aniversários, procuro uma foto do colaborador nas redes sociais e faço um texto abordando suas características. Para os anos de agência, busco uma foto em que a pessoa esteja com colegas de trabalho e aproveito a oportunidade para agradecer a ela pelo seu comprometimento. Alguns já me perguntaram se sou eu mesma quem busca as fotos e escreve os textos. Respondo que sim e que faço questão de produzir e postar, o que é uma verdade.

Em tempos de *home office*, temos visto as pessoas postando aquilo que recebem da empresa no dia do seu aniversário. Obviamente, existem empresas que conseguem fazer algo totalmente direto e customizado, o que é ótimo. O desafio maior é o das empresas que possuem milhares de empregados espalhados por muitas unidades. É por isso que costumo dizer que o bom Endomarketing possui limites geográficos.

Recordes e conquistas

Quantos recordes e conquistas das empresas deixam de ser compartilhados com o público interno e, também, de ser celebrados? Muitos.

Por vezes, a empresa considera aquele recorde ou aquela conquista pequenos demais para uma celebração. Neste caso, perde a oportunidade de produzir uma energia positiva e de agradecer aos seus colaboradores pelo que foi conquistado.

TODA CONQUISTA, POR MENOR QUE SEJA, DEVE SER COMPARTILHADA E CELEBRADA,

o que não significa fazer uma festa para cada uma. A celebração pode acontecer por meio de uma mensagem do presidente, uma notícia nos canais de Comunicação Interna ou uma campanha de Endomarketing.

O importante é nunca deixar de celebrar e entender que toda celebração deve estar associada a um agradecimento às pessoas envolvidas. Existem celebrações mais amplas, cujo agradecimento deve ser feito a todos os colaboradores de uma forma geral.

Datas comemorativas

Dentro da mesma abordagem sobre orgulho e merecimento, entendo que a primeira data que deve constar no calendário geral da empresa seja o dia da sua fundação. Existem empresas que comemoram apenas datas redondas, porém acredito que o aniversário da empresa deva ser comemorado todos os anos.

Na comemoração dos 100 anos da Hering, a empresa enviou ao público interno a sua tradicional camiseta branca, cuja etiqueta foi personalizada com o nome de cada colaborador. Uma celebração totalmente customizada, valorizando aqueles que fazem o seu dia a dia.

Além das datas comemorativas tradicionais, como feriados nacionais e regionais, hoje, existem muitas datas para celebrar motivos e/ou causas sociais. Um exemplo disso são as datas importantes para a questão da diversidade e da inclusão.

Este ponto é crucial, pois o Endomarketing ainda sofre muito com o estigma de que é algo voltado somente para datas comemorativas, ou seja, para celebrar o Dia dos Pais, das Mães, da Mulher, das Crianças etc., como forma de fazer um carinho no público interno. Ora, não é só porque algumas empresas ainda acreditam nisso que celebrar datas não seja importante. Ademais, o Endomarketing vem sendo ressignificado, o que pode ser observado nas empresas consideradas *benchmarking* nesse assunto.

Conheço uma empresa de varejo que, durante a pandemia Covid-19, adaptou a comemoração do Dia das Crianças para o formato digital, transferindo-a para dentro do Workplace. A programação contou com oficinas lúdicas, teatros e até *workshop* com *Youtuber Kids*, que contaram para as crianças como é ser *youtuber* e ensinaram como criar um canal na plataforma.

O Dia Internacional da Mulher, por exemplo, apesar de comum e tradicionalmente celebrado, sofreu transformações no seu significado e na forma como é abordado. Se, antes, a data celebrava qualidades exclusivamente femininas, como a delicadeza e a beleza, hoje, além dessas, outras são amplamente exploradas, tais quais a força, o poder, o trabalho — características a priori masculinas que passaram a ser razão da luta pela igualdade e pelo reconhecimento. Isso é algo muito importante, pois a história do Dia Internacional da Mulher traz, em suas origens, ideais feministas como a igualdade econômica e política.

Datas relacionadas com a diversidade

Embora ainda carecendo de mais quórum, outras questões de inclusão e diversidade também entraram para a pauta do mundo corporativo, a fim de sintonizar os propósitos e os valores da companhia com o seu público interno. Apesar de já haver movimentos em direção a empresas mais inclusivas, ainda é longo o caminho a ser percorrido. Mas, àquelas empresas que não sabem por onde começar, sugiro que celebrem as datas relativas ao calendário da diversidade, que mostro a seguir, e que associem a essa celebração ações concretas no sentido de se tornarem realmente diversas.

- 29 de janeiro: Dia da Visibilidade Trans.

- 08 de março: Dia Internacional da Mulher.

- 21 de março: Dia Internacional da Luta pela Eliminação da Discriminação Racial.

- 25 de março: Dia Nacional do Orgulho LGBTQIA+.

- 31 de março: Dia Internacional da Visibilidade Trans.

- 02 de abril: Dia Mundial da Conscientização do Autismo.

- 19 de abril: Dia da Pessoa Indígena.

- 17 de maio: Dia Internacional do Combate à LGBTQIA+fobia.

- 19 de maio: Dia do Orgulho Agênero.

- 24 de maio: Dia da Consciência e da Visibilidade Pansexual.

- Junho: Mês do Orgulho LGBTQIA+.

- 25 de julho: Dia da Mulher Negra Latino-Americana e Caribenha.

- 09 de agosto: Dia Internacional dos Povos Indígenas.

- 29 de agosto: Dia Nacional da Visibilidade Lésbica.

- Setembro Amarelo.

- 10 de setembro: Dia Mundial de Prevenção ao Suicídio.

- 21 de setembro: Dia Nacional de Luta da Pessoa com Deficiência.

- 23 de setembro: Dia da Visibilidade Bissexual.

- 26 de setembro: Dia da Pessoa Surda.

- Outubro Rosa.

- 01 de outubro: Dia Internacional da Terceira Idade.

- 10 de outubro: Dia Nacional de Luta à Violência à Mulher.

- 26 de outubro: Dia da Visibilidade Intersexo.

- Novembro Azul.

- 08 de novembro: Dia da Solidariedade Intersexo.

- 20 de novembro: Dia Nacional da Consciência Negra e Dia da Memória/Lembrança Transgênero.

- 25 de novembro: Dia Internacional de Combate à Violência contra a Mulher.

- Dezembro Vermelho.

- 01 de dezembro: Dia Mundial contra a AIDS.

- 03 de dezembro: Dia Internacional das Pessoas com Deficiência.

- 08 de dezembro: Dia do Orgulho Pansexual.

- 10 de dezembro: Dia Mundial dos Direitos Humanos.

- 13 de dezembro: Dia da Pessoa Cega.

Obviamente, a empresa não precisa celebrar todas essas datas. Recomendo escolher aquelas que apresentem coerência com a cultura da empresa e com os movimentos internos que ela vem promovendo.

Entretanto, vale lembrar a importância do segundo semestre do ano, quando o calendário se faz colorido: setembro amarelo, outubro rosa, novembro azul e dezembro vermelho. Por trás disso, alertas — prevenções ao suicídio, ao câncer de mama, ao câncer de próstata e ao HIV, respectivamente. Mas o que acontece quando a propaganda supera a conscientização? Na minha opinião, vivemos justamente isso: ao sermos bombardeados por publicações e campanhas em favor das cores, corremos o risco de perder o foco no que, de fato, importa: o cuidado.

Este é um convite à reflexão. As empresas deveriam criar formas de proporcionar/facilitar a realização de exames e se assegurar de que os colaboradores realmente os estão fazendo. Para um cliente da Happy do segmento de fertilizantes, criamos uma campanha interna de outubro rosa na qual as colaboradoras desafiavam as colegas a dar dicas de autocuidado, num esforço de extrapolar a mera veiculação de peças.

Datas relacionadas com o negócio e os seus objetivos

Além das datas citadas acima, considero importante atentar para datas relacionadas aos negócios de cada cliente.

As empresas do segmento de energia, por exemplo, podem optar por celebrar datas fundamentais para o seu negócio e para o meio ambiente, como o Dia Mundial da Eficiência Energética, o Dia Mundial da Água, o Dia Internacional do Sol, o Dia Internacional da Biodiversidade, o Dia Mundial da Energia, o Dia Mundial do Meio Ambiente, o Dia Mundial do Vento e a Semana dos Objetivos de Desenvolvimento Sustentável (ODS), que ocorre durante o mês de setembro e foi estabelecida pela Organização das Nações Unidas (ONU).

A força de uma data exclusiva

Nesse sentido, um fato que chamou a atenção do mercado foi a empresa iFood ter instituído o "Dia do Motociclista iFood". Mesmo os motociclistas não sendo empregados diretos, a empresa entende que todos representam a sua marca e mantém, com eles, o mesmo nível de relacionamento que possui com seus colaboradores. Recentemente, os 100 melhores motociclistas da equipe foram convidados para um evento muito especial no qual puderam levar suas famílias e assistir ao show de um conjunto musical famoso.

Essa estratégia adotada pelo iFood é muito interessante, pois chama atenção para o fato de que toda a empresa pode criar uma data especial que tenha a ver com o seu negócio e com o perfil do seu público interno, gerando mais uma oportunidade de celebração.

Dentro do mesmo sentido, empresas de moda costumam adotar a *Fashion Friday*, uma sexta-feira do mês em que as pessoas são convidadas a trabalharem vestidas de acordo com determinado estilo. Exemplo: durante a pandemia Covid-19, o estilo *tie dye* (técnica de tingimento artístico de tecidos) fez parte de algumas edições dessa prática.

Como celebrar

Como celebrar? Na Happy, sugerimos que as datas importantes para os nossos clientes sejam celebradas por meio de minicampanhas que incluem ações diferenciadas, criadas de acordo com cada data, e instrumentos a serem veiculados nos canais de Comunicação Interna, como, por exemplo, *banners* para mural digital, intranet e aplicativo interno, além de filtros e *stickers* para serem usados nas redes sociais. *Outdoors* e painéis eletrônicos nas áreas abertas também podem ser uma mídia interessante para a celebração de datas.

Entretanto, existem muitas outras formas de celebração, tais quais eventos ou campanhas de Endomarketing maiores que contemplem instrumentos e ações diferenciadas.

Marcar certos dias no calendário como únicos é uma estratégia assertiva para a melhoria do ambiente organizacional, já que momentos de descontração são muito importantes. Busca-se, assim, a consolidação de datas especiais na memória dos empregados.

Régua de relacionamento

Além do aniversário do colaborador, existem outros momentos da sua vida em que a empresa pode se fazer presente por meio de mensagens e mimos. Refiro-me a oportunidades de a empresa demonstrar o quanto valoriza aquela pessoa e torce por ela.

Chamamos isso de régua de relacionamento, na qual o que importa é a "experiência positiva" proporcionada.

Abaixo estão algumas dessas oportunidades:

- formatura de graduação ou pós-graduação;
- promoção para um cargo superior;
- promoção para um cargo de liderança;
- transferência para outra unidade;
- casamento;
- nascimento de um filho;

- adoção de um filho;

- retorno da licença-maternidade e da licença-paternidade;

- retorno da licença-saúde; e

- outros momentos importantes na vida das pessoas, como a adoção de um animal.

Os "Zapiers" (como o Grupo ZAP chama seus empregados), quando saem para o período de licença-maternidade/paternidade, por exemplo, recebem um *kit* com um *body* para que o bebê já nasça "vestindo a camisa da empresa", além de outros itens personalizados.

É comum, também, as empresas produzirem um crachá com a foto e o nome do bebê para enviar ao recém-nascido.

Na empresa Creditas, sempre que um empregado é promovido, recebe um tênis da marca Adidas personalizado como agradecimento aos "grandes passos" que a pessoa está dando dentro da empresa.

Recentemente, um post viralizou no LinkedIn com o relato de um empregado da empresa Localiza que, ao retornar de uma licença-saúde decorrente de um câncer, foi recebido com um *kit* de boas-vindas assinado pela equipe da qual faz parte.

Na onda da relação entre pessoas e animais, a empresa RockContent criou o *Pet Day* (ação que já foi adotada por muitas outras empresas), por meio da qual, quinzenalmente, o colaborador pode se inscrever para passar um dia com o seu *pet* no ambiente de trabalho. Os participantes de cada edição ganham, inclusive, posts da empresa no LinkedIn.

Comunicação Interna *data driven*

A adoção de redes sociais internas, aplicativos, *podcasts*, pesquisas *pulse*, sistemas de *People Analytics* e ferramentas como o Grytics (que permite extrair mais dados do Workplace, como o nível de humor de cada área ou o comportamento das lideranças, além de segmentar as avaliações por cargos) atestam que, cada vez mais, os dados influenciarão a estratégia de Comunicação Interna.

O *People Analytics*, ao contrário do que ainda se pode presumir, trata-se de uma metodologia, e não de um sistema ou uma ferramenta. *People Analytics* nada mais é do que a coleta de dados sobre pessoas e a sua posterior análise, a fim de que isso alicerce as decisões, tornando-as mais assertivas — as pessoas em questão, neste caso, são os próprios colaboradores.

As empresas que já utilizam *People Analytics* há muito tempo são IBM, Cisco e Microsoft. É um trabalho bastante complexo, porém o mais importante é saber quais dados existem e como a empresa pode explorá-los. Dentre eles, a faixa salarial que permanece por mais tempo na empresa; o time que performa melhor na avaliação de desempenho; e as áreas que representam uma maior utilização do plano de saúde.

Hoje, é elementar compreender o que torna os empregados engajados e felizes no trabalho, e o caminho para isso é a utilização de dados coletados pela empresa por meio de diversas fontes, tais como redes sociais, *metadata*, *reviews* de usuários etc., devidamente organizados e apresentados por um analista de dados. Aqui, faço uso das palavras de Ricardo Cappra, pesquisador de cultura analítica e cientista chefe do Cappra Institute for Data Science: "Nosso trabalho é torturar os dados até que eles confessem algo importante", pois "se o presente é digital, o futuro inevitavelmente será cada vez mais analítico".

De acordo com um estudo recente divulgado pela Forbes, 69% das empresas americanas estão integrando dados à gestão de pessoas. Isso é um sinal claro de que o que uma vez foi tendência, agora ruma a se tornar padrão.

Como consequência, as áreas de Recursos Humanos, hoje, estão podendo investigar padrões de atritos profissionais, o que podem prever performance e índices de *turnover*.

À medida que se têm tantos dados em mãos, também se faz necessária a sua estruturação para que deem sentido aos objetivos das organizações.

Uma empresa de tecnologia nos Estados Unidos divulgou que está fazendo testes com *chips* que são colocados nos crachás dos empregados por alguns dias, com a sua devida autorização, para que possam acompanhar os passos e os comportamentos dos colaboradores, desde os locais que mais circulam, até o tom dos diálogos que realizam.

No cenário brasileiro, ainda estamos distantes do percentual americano citado anteriormente. Entretanto, é encorajador vislumbrar uma enorme vantagem para as empresas que adotarem essa prática.

Afinal, para que a régua de relacionamento realmente funcione, as empresas precisam ter o máximo de dados sobre o seu público interno.

5.6. DESLIGAMENTO

A sexta etapa da Jornada do Colaborador

Por fim, chegamos ao desligamento, última etapa da Jornada do Colaborador. Empresa ou empregado, qualquer que seja o tomador da decisão, é quem dará início a esse processo. Estou me referindo ao desligamento, e não à aposentadoria, que abordarei na sequência.

Hoje, as empresas estão mais preparadas para atrair, selecionar e integrar talentos do que para administrar o seu desligamento. Isso faz algumas demissões se transformarem em verdadeiros desastres por destruírem totalmente a autoestima do colaborador em vez de projetá-lo para um futuro melhor. Outro fator que contribui para isso é o excesso de preocupação da empresa em relação a uma possível vingança do colaborador que está sendo desligado.

Da mesma forma, acontece de a empresa se sentir totalmente rejeitada diante de um pedido de desligamento, partindo para o uso de palavras e atitudes inadequadas.

Parar e pensar sobre essa questão é o que devemos fazer, pois, se o momento do desligamento não for bem-sucedido, as consequências tendem a recair mais sobre o colaborador do que sobre o seu líder, uma vez que este rapidamente absorverá o problema, considerando que o desligamento era inevitável e precisava ser feito. Entretanto, a falta de uma comunicação adequada poderá deixar graves consequências para quem está sendo desligado, já que se sentirá abandonado à própria sorte e em condições emocionais precárias para enfrentar futuras entrevistas.

Em se tratando de comunicação, já existem empresas que aboliram o uso das palavras "demissão" ou "desligamento", passando a usar o termo "transição", levando em consideração o fato de o colaborador continuar a sua jornada em uma outra empresa ou em algo que melhor represente o seu propósito de vida. Contudo, somente uma mera troca de palavras não é suficiente.

O *offboarding*

Se, por um lado, existe o processo de *onboarding* na empresa, o inverso também deve se fazer presente: o momento do *offboarding*, ou "*onboarding* às avessas". Infelizmente, essa ainda não é uma realidade, pois, de acordo com uma pesquisa da Consultoria Aberdeen, apenas 29% das organizações têm algum processo formal nesse sentido.

O *offboarding*, literalmente, trata-se do "desembarque" do colaborador. Esse processo veio para sanar alguns estigmas que pairavam ao redor do momento de desligamento, especialmente para que ele não seja visto como sinônimo de indiferença e/ou briga.

Ocorre que a etapa de desligamento é tão importante quanto conduzir uma contratação — talvez ainda mais, já que o lado emocional, que pode despertar um sentimento de fracasso, está mais presente. Há, portanto, o elemento tensão. Porém, alguns fatores podem ajudar a aliviar esse quadro, tais como estabelecer políticas para um bom desligamento.

No caso de o empregado ser demitido, é essencial que ele não seja pego de surpresa, conforme coloquei na parte em que escrevi sobre *feedback*. Essa técnica de Recursos Humanos é fundamental para o sucesso de um desligamento. Sim, a empresa precisa buscar a satisfação do colaborador também no momento em que ele está saindo dela. Afinal, a percepção que a empresa deve trabalhar para que o ex-colaborador tenha é: "esta empresa estará para sempre no meu coração".

O desligamento pode acontecer tanto no período de experiência quanto depois dele. A parte que toma a decisão é que deve comunicar a outra, o que acontece por meio de um ato verbal, oficializado por uma carta. Entretanto, esse é somente o começo do processo. Até que sejam realizados e cumpridos todos os combinados entre as partes, o colaborador permanecerá convivendo com a empresa.

Existe, ainda, a demissão em massa. Sobre ela, costumo dizer que é uma das piores informações com as quais uma empresa precisa conviver na relação com o seu público interno. Neste caso, especialistas dizem que fazer a demissão em massa em um único dia é o que traz menos prejuízo para o estado emocional das pessoas que saem e das que ficam, o que influencia muito no clima organizacional. Além de fazer no mesmo dia, é recomendável reunir os colaboradores que permanecerem e explicar os motivos. Em seguida, o ideal é que a empresa intensifique os seus esforços de Endomarketing, focando em projetos e planos para o futuro, a fim de elevar os níveis de motivação e o engajamento do público interno.

Hoje, existem empresas que possuem uma preocupação legítima com a etapa de desligamento e que costumam dar a ela uma atenção semelhante àquela dada no momento da contratação, fortalecendo uma cultura organizacional mais humana.

Afinal, nem toda demissão precisa ser um adeus — é possível, inclusive, que seja um até logo, pois, conforme coloquei num dos capítulos anteriores, as empresas estão se abrindo cada vez mais para a recontratação.

Há uma discussão muito antiga com relação ao melhor momento de desligar um colaborador, embora saibamos que isso normalmente aconteça no final da tarde. Alguns dizem que o ideal é a sexta-feira, depois do expediente, outros que é a segunda-feira, logo na primeira hora de trabalho. Como não há um consenso, as empresas têm tomado essa decisão com base nas necessidades do negócio, nas pendências daquele colaborador e nos motivos da demissão.

Uma questão bastante discutida é como comunicar à equipe o desligamento de um colega. Há quem defenda que o líder deve ser breve, assim como outros acreditam que é preciso entrar em detalhes sobre os motivos do desligamento. Aqui, vale lembrar que a informação é o melhor antídoto ao boato. Quando as pessoas não sabem as razões de uma decisão, acabam criando versões próprias. É claro que essa comunicação precisa se caracterizar pela discrição e pelo respeito com quem está saindo, independente do motivo.

Na última década, surgiram empresas com o objetivo de otimizar e facilitar os processos de desligamento através da melhora dessa experiência que, para muitos, ainda é vista como traumatizante. Além de encurtar o tempo dispendido, essas empresas certificam-se de que os empregados contem com informações claras, evitando o sentimento de que possam estar sendo passados para trás ao assinar a rescisão.

A verdade é que, mesmo nesse momento difícil tanto para a empresa quanto para o colaborador, o Endomarketing pode fazer uma enorme diferença, já que existem instrumentos e ações a serem empregados para mostrar o quanto a empresa respeita a pessoa que está sendo desligada ou que está se desligando.

A entrevista de desligamento

Uma dessas estratégias é a entrevista de desligamento, ferramenta de notável importância, uma vez que coopera para a realização de diagnósticos necessários para o aperfeiçoamento dos processos e, mais considerável, para evitar que outros talentos se desliguem ou sejam desligados.

Embora nenhum empregado deva ser forçado a essa entrevista, o encorajamento é pertinente. Ela pode ajudar um processo burocrático a ser dotado de mais empatia e sensibilidade, permitindo que isso seja conduzido com menos inobservâncias. Além disso, o colaborador pode se sentir aliviado ao expor suas percepções sobre a empresa antes de ir embora.

O objetivo da entrevista é, sobretudo, avaliar líderes, clima organizacional e demais processos internos para que possam ser alvo de atenção. Trata-se, portanto, de uma estratégia de gestão.

A escolha de um momento ideal e a elaboração de um planejamento para a entrevista são pontos que devem ser observados e cumpridos. No caso de o empregado ter pedido demissão, creio que certas perguntas sejam mais assertivas que outras nesse ínterim, tais como:

- Quais motivos o levaram a se desligar?

- Com qual imagem da empresa você está saindo?
- Como a empresa fez você se sentir em relação às suas expectativas?
- Suas atividades eram condizentes com o cargo ocupado?
- Como foi seu relacionamento com a equipe?
- Houve falta de algum treinamento?
- Os benefícios oferecidos deixaram a desejar?
- Como você avalia a Comunicação Interna da empresa?
- Você voltaria a trabalhar nesta empresa?

Obviamente, no caso de o colaborador ter sido desligado da empresa, essas perguntas precisam ser adaptadas, porém a realização da entrevista é igualmente importante.

O agradecimento

Outra estratégia é o agradecimento — quando um presente é entregue à pessoa, permitindo-lhe a lembrança do período em que trabalhou na empresa. Na Alpargatas, por exemplo, quando o colaborador deixa a empresa, recebe um crachá *fake* e uma miniatura da sandália havaiana — símbolo da organização — com o seu nome para guardar como recordação.

Esse agradecimento pode acontecer, também, por meio de uma mensagem escrita ou de vídeo enviada pelo presidente, por um diretor, ou, ainda, pelo líder imediato do empregado desligado. Muitas pessoas gostam de poder mostrar para a família e os amigos o quanto são consideradas pela empresa, o que é garantido por um desligamento atencioso.

Em alguns casos, a empresa promove um evento de despedida, especialmente quando se trata de um gestor conhecido e apreciado pelo público interno.

Independentemente do que seja criado em direção a isso, entendo que as mensagens devam ter um tom de agradecimento e confiança no futuro, sempre desejando que a pessoa continue tendo sucesso na sua jornada.

Assim como o termo "transição" está começando a ser usado, existem empresas que já defendem e praticam a "celebração de *offboarding*" como um momento em que têm a oportunidade de destacar publicamente o impacto de um colaborador na organização e demonstrar gratidão pelo seu trabalho, o que pode ser feito de diversas formas.

Ao saírem, esses colaboradores compartilharão a experiência positiva que tiveram e, com isso, estarão contribuindo para a marca empregadora.

Desligamento = Recomeço

Especialmente durante a pandemia Covid-19, estamos vendo muitas empresas obrigadas a desligar seus colaboradores. Com isso, e através do exercício da empatia e da colaboração, é possível observar movimentos de solidariedade surgirem para realocação dessas pessoas.

Um exemplo disso é a plataforma que conecta talentos de comunicação e tecnologia às empresas chamada trampos.co, que desenvolveu o Trampos *Offboarding Kit* — um pacote de serviços para a mencionada recolocação. Tais serviços são divididos em três etapas: consultoria para construção de currículos; priorização desses profissionais em listas; e treinamentos *on-line* para atualização e capacitação.

"Ao proporcionar um desligamento com esse suporte aos colaboradores, com consistência do início ao fim, as empresas reforçam a marca empregadora, tornando-se mais profissionais e humanas. Além disso, o cuidado mostra que a companhia não está fechando portas e pode voltar a recrutar em outro momento", afirma Tiago Yonamine, especialista em recrutamento, CEO do trampos.co e criador do Trampos *Offboarding Kit*.

Dentro desse espírito, existem muitos exemplos de empresas que, ao precisarem realizar demissões em massa, contrataram empresas de recolocação ou ofereceram cursos técnicos para auxiliar os colaboradores desligados a encontrar outras oportunidades.

A aposentadoria

Neste livro, usei a expressão "Jornada do Colaborador"; entretanto, poderia ter usado "Ciclo de Vida do Colaborador", como muitos profissionais e empresas costumam utilizar. Não o fiz porque a vida termina com a morte, motivo pelo qual essa forma de definir a jornada não me causa uma boa impressão.

Penso que isso também representa o sentimento da pessoa que se aposenta, como se deixasse de ser produtiva e, a partir daí, estivesse caminhando para o final da vida.

Hoje, os dois caminhos para a aposentadoria são: alcançar a idade mínima exigida ou ter tempo suficiente de contribuição. Porém, nenhuma dessas condições implica, necessariamente, o afastamento das atividades.

Para que um empregado se aposente, ele precisa fazer essa solicitação ao órgão previdenciário, ou seja, não é um acontecimento automático. E, embora tudo seja cumprido corretamente, isso não é garantia de que o vínculo entre empregado e empresa acabou — o contrato ainda estará vigorando normalmente caso o desligamento não tenha sido oficializado.

A aposentadoria, por si só, não é motivo para desligamento, e isso inclui o período que antecede a solicitação do benefício.

É da empresa o desafio de proporcionar condições para o empregado poder fazer essa transição de forma tranquila e dentro da legislação. Porém, na hipótese de o colaborador querer continuar como prestador de serviços à empresa — e esta também querer a sua permanência —, nada mudará.

Com o aumento demográfico, é crescente o número de aposentados, sendo que nem todos possuem qualidade de vida. Cientes disso e dentro da sua real preocupação com o ser humano, algumas empresas possuem programas de preparação para a aposentadoria.

Esses programas permitem identificar alternativas de pós-aposentadoria por meio da realização de exercícios e dinâmicas, além do desenvolvimento da consciência e da análise da nova etapa de vida em que aquela pessoa está entrando.

As empresas que desenvolvem esse tipo de programa podem, sem constrangimento, dizer que realmente cuidam do elemento humano em toda a sua jornada.

Com relação a homenagens, conheço uma empresa que entrega ao aposentado um livro com páginas em branco para que ele escreva ali a sua história na empresa. Na aviação, quando um comandante se aposenta, existe o ritual do "último voo", no qual ele pode levar a sua família a bordo.

Envolver a família do colaborador na homenagem, mostrando a ela o quanto ele foi e é importante para a organização não é uma novidade. O que existe de novo são empresas que mantêm o relacionamento com essas pessoas, convidando-as para eventos, enviando novos produtos para degustarem ou usarem com suas famílias, envolvendo-os em pesquisas, dentre outras interações. Hoje, podemos encontrar verdadeiros clubes de aposentados de uma única empresa que, a partir da relação que mantêm com ela, conseguem motivação para que sigam se sentindo importantes.

Para encerrar este último capítulo sobre a Jornada do Colaborador, quero contar que, há pouco tempo, chamou-me a atenção um *post* de uma colaboradora que havia sido demitida do LinkedIn e que expressava não apenas orgulho por ter feito parte da empresa, mas também uma extrema gratidão por todo o aprendizado adquirido nela. Nesse *post*, a ex-colaboradora dizia que levaria a cultura da empresa para onde fosse.

Obviamente, esse relato é consequência do cuidado que a empresa possui com os seus colaboradores em todas as etapas da jornada, mas, também, traduz o resultado de uma boa despedida, independente de qual tenha sido o motivo e de quem tenha partido a decisão.

6. A LGPD – LEI GERAL DE PROTEÇÃO DE DADOS E O ENDOMARKETING

Dados pessoais são informações que identificam ou que podem identificar pessoas. RG, CPF e biometria, por exemplo, automaticamente nos remetem a isso. Porém, existem outros elementos dos quais não nos damos conta como tamanho de roupa, número de sapato, afiliação sindical, afinidade religiosa etc., uma vez que não são óbvios.

Diariamente, fornecemos dados sem ter consciência: do posto de gasolina ao mercado, da padaria ao metrô, nas entrevistas de trabalho, nos aplicativos de transporte etc. Por isso mesmo, eles precisam ser protegidos.

A Lei Geral de Proteção de Dados surgiu com um objetivo claro e único: transparência. Hoje, a necessidade de colocar as pessoas como controladoras dos seus dados levou à prática da proteção, pois todos devem ser informados sobre o tratamento das suas informações.

E qual a relação da LGPD com o Endomarketing? Bem, considero que as empresas devem observar a legislação durante todas as etapas da Jornada do Colaborador — tema do meu novo livro, que será lançado no próximo mês —, desde a seleção até o desligamento.

A LGPD regula tanto o momento da contratação quanto o curso do contrato entre empresa e empregado. Mas o cuidado não pode se restringir ao consentimento. A partir de agora, a empresa deve adotar uma proteção mais rigorosa dos dados coletados e garantir ao seu titular um acesso simples e transparente quanto ao seu tratamento. Para isso, penso que a criação de políticas internas informativas e a revisão dos modelos de contrato de trabalho sejam de extrema importância.

Essa nova legislação já está em vigor e os processos podem ser iniciados, embora as penalidades só comecem a ser aplicadas em agosto de 2021. Portanto, trata-se de um alerta iminente para as empresas, que precisarão se tornar ainda mais cuidadosas com os dados pessoais dos seus empregados e dos seus clientes. Ao mesmo tempo, é um chamado à cultura das pessoas, que devem passar a se perguntar mais criticamente sobre como aprimorar a própria vigilância — afinal, nos dias de hoje, é imprescindível que nos tornemos atentos.

7.
O RESULTADO DA EXPERIÊNCIA

Existem frases que venho repetindo há mais de 30 anos. Uma delas é "a pessoa entra numa empresa sempre com predisposição para gostar dela".

Eu realmente acredito nisso. Nunca vi e não imagino uma pessoa dizendo: "segunda-feira eu começo a trabalhar na empresa tal, mas tenho certeza de que não vou gostar". Pode até ser que isso aconteça, mas penso que seja raro.

Como coloquei no início deste livro, a maioria das pessoas entra de coração aberto na empresa, porém, com o passar do tempo, tornam-se críticas em relação a ela, deixando de perceber seus aspectos positivos.

Obviamente, essa é uma característica do ser humano, mas acredito que a dificuldade de as empresas se comunicarem com as pessoas e de proporcionarem experiências que façam seus colaboradores se sentirem felizes é o que afasta ambas as partes.

Penso que "gerar sentimentos positivos no público interno" resume os muitos desafios do Endomarketing. Independentemente de qual seja a iniciativa da empresa nesse sentimento, ela só será efetiva se for capaz de provocar uma reação favorável por parte das pessoas. Caso contrário, a ação será criticada ou, na melhor das hipóteses, não valorizada, caindo no esquecimento.

É necessário que tenhamos a consciência de que todas as pessoas numa empresa contribuem para que a imagem dela no mercado, enquanto empregadora, seja positiva ou negativa.

O mesmo acontece no mundo digital. O fato de uma marca ter seguidores não significa aceitação ou admiração por parte do público. Entretanto, o número de curtidas e o teor dos comentários pode ser um indicativo. Da mesma forma, existem várias maneiras de se observar as reações das pessoas no ambiente corporativo, embora a análise dos dados coletados nem sempre seja fácil ou eficaz.

No marketing externo, algumas empresas já estão usando a análise de sentimento. Unindo conceitos de inteligência artificial, como o *machine learning*, a técnicas de PLN – Processamento de Linguagem Natural, é viável programar sistemas para captar e analisar os sentimentos por trás de uma frase, por exemplo. De forma automática, os comentários são classificados como positivos, negativos ou neutros.

Essa técnica não se encontra disponível apenas para redes sociais externas. Qualquer estrutura de dados formada por elementos textuais pode ser analisada, o que permite um monitoramento mais assertivo da opinião do público.

Embora eu ainda não a tenha visto no ambiente corporativo, é uma técnica que pode ser utilizada pelas empresas, pois as pesquisas de clima organizacional, na sua maioria, trazem perguntas abertas.

Ao estabelecermos essa relação, torna-se evidente que o marketing interno acontece numa decorrência do externo, o que pode classificar o Endomarketing como um ato de "copiar/colar" — embora isso não seja verdade, pois ele exige um grande esforço de análise, adaptação e monitoramento. Nem tudo que é usado no marketing externo serve para o interno.

Meu esforço, desde que comecei a trabalhar com esse assunto, sempre foi o de analisar até que ponto o que é usado na comunicação com o mercado pode beneficiar o ambiente corporativo e a relação empresa/empregado. A partir daí, criei uma teoria própria que, por trabalhar para muitas empresas ao mesmo tempo, tenho a oportunidade de apresentar e testar em diversos segmentos.

Obviamente, o conjunto de experiências proporcionadas em todas as etapas da Jornada do Colaborador pode ser monitorado a partir da relação entre o objetivo de cada uma delas e os respectivos números — ou seja, se na etapa de retenção o objetivo direto é fazer as pessoas permanecerem na empresa, os índices de absenteísmo e *turnover* são suficientes para essa medição. E, para levantar o nível de satisfação das pessoas enquanto permanecem trabalhando na empresa, existem as pesquisas de clima e ambiência organizacional, além dos muitos *rankings* disponíveis no mercado que também partem de esforços quantitativos e qualitativos.

Independentemente da técnica utilizada, a mensuração e o monitoramento de resultados são de extrema importância tanto no marketing externo quanto no interno. Afinal, em marketing, tudo é decorrente da percepção que essa ciência é capaz de gerar.

 # Encerramento

N **este livro**, preocupei-me em abordar cada etapa da Jornada do Colaborador com o intuito de promover o entendimento sobre a importância de cada uma, tanto sob o ponto de vista da empresa quanto do da pessoa, retratando como esta se sente nas situações em que é atraída, candidata-se, participa de um processo de seleção, começa a trabalhar, permanece na empresa e, finalmente, desliga-se dela.

Além disso, trouxe sugestões e exemplos de instrumentos e ações de Endomarketing que podem ser utilizados, sempre atentando para a adequação. É imprescindível que cada empresa avalie e decida o que melhor se adapta à sua realidade e ao seu momento.

Contudo, isso não é suficiente. A partir da definição do melhor instrumento ou da melhor ação, será preciso utilizar recursos e estratégias de marketing, pois, somente assim, acontecerá o verdadeiro Endomarketing. Refiro-me a abusar da criatividade para encantar, seduzir e manter o colaborador apaixonado pela empresa durante toda a sua jornada.

Na antiga Grécia, as pessoas olhavam para a criatividade como se ela fosse um espírito de plantão ou uma divindade que vinha visitar os seres humanos em determinados momentos. A esses espíritos, dava-se o nome de "daemons", segundo uma das lendas existentes.

A verdade é que não existe apenas um conceito capaz de descrever a criatividade, mesmo num contexto em que ela seja extremamente necessária para captar a atenção das pessoas — recurso mais desejado no momento — e as mobilizar na direção daquilo que a empresa propõe.

Vivemos uma realidade que condiciona o indivíduo a perceber o diferente e a valorizar o original. Em outras palavras, os componentes criativos precisam se apresentar de formas variadas e em multiplicidade para ganhar espaço num mundo em que, cada vez mais, nada é suficientemente criativo ou inovador.

Isso assusta? Sim. Contudo, os últimos acontecimentos viraram o mundo de cabeça para baixo e, dentro desse cenário, podemos observar aquilo que antes era considerado "simples" voltando a ser apreciado pelas pessoas. Isso justifica o fato de que, ao longo deste livro, o digital e o real estiveram misturados.

Defendo o Endomarketing como algo que deva ser tratado com a sofisticação da propaganda bem-feita, porém entendo que, muitas vezes, o fenômeno da criatividade se manifesta na simplicidade, o que também é uma característica do pensamento ágil.

O meu desejo é que este livro sirva como inspiração para que as empresas vejam e tratem a relação capital/trabalho como algo que possa e deva ser prazeroso e, ao mesmo tempo, produtivo.

Com isso, estarei cumprindo mais uma vez com o propósito da minha vida e da empresa que dirijo: "Empresas mais transparentes. Pessoas mais felizes".

Afinal, cada colaborador importa.

CONHEÇA OUTRAS OBRAS DA AUTORA

ENDOMARKETING ESTRATÉGICO
COMO TRANSFORMAR LÍDERES EM COMUNICADORES E EMPREGADOS EM SEGUIDORES

Neste livro, Analisa de Medeiros Brum aborda o Endomarketing de uma forma estratégica e coerente com os novos tempos. A autora propõe uma nova forma de olhar para o assunto, lembrando que os resultados em nível de informação, integração e consequente engajamento, somente serão alcançados quando as empresas entenderem que a informação corporativa precisa ser trabalhada com responsabilidade sistemática e profundidade. Como novidade, o livro traz um capítulo sobre "marca empregadora", abordando as diferentes formas de construção e de comunicação do EVP – Employee Value Proposition. Mas o fator mais relevante desse livro é o papel estratégico do líder nesse processo, motivo pelo qual Analisa dedica os três últimos capítulos a esse assunto, defendendo a liderança colaborativa, mostrando como transformar o líder no primeiro e principal canal de comunicação interna e apresentando técnicas e estratégias de comunicação face a face.

ISBN: 978-85-8211-083-6
280 páginas
Formato: 16x23 cm

ENDOMARKETING DE A A Z
COMO ALINHAR O PENSAMENTO DAS PESSOAS À ESTRATÉGIA DA EMPRESA

Se lhe perguntarem quais são os objetivos, estratégias e resultados de sua empresa, você teria condições de responder com rapidez e precisão?

Caso sua resposta seja positiva, considere-se um privilegiado, pois participa de uma organização que pratica o Endomarketing e que se preocupa em manter um processo estruturado de Comunicação Interna. Isso é pelo menos metade do caminho para um clima organizacional saudável e para a conquista de uma imagem positiva em relação ao público externo.

ISBN: 978-85-99362-48-8
256 páginas
Formato: 16x23cm

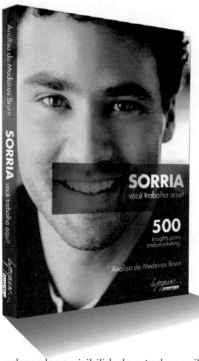

SORRIA, VOCÊ TRABALHA AQUI!
500 INSIGHTS PARA ENDOMARKETING

Neste livro você encontrará 500 insights para endomarketing que nada mais são do que técnicas e estratégias a serem adotadas por empresas que desejam:

• dar valor e visibilidade a tudo aquilo que proporcionam aos seus colaboradores em nível de gestão, ambiente organizacional, oportunidades de crescimento, benefícios, incentivos etc.;
• alinhar o pensamento, as atitudes e o processo de trabalho dessas pessoas à estratégia da empresa.

Um livro prático e inspirador. Utilize-o para criar ideias, consultando-o sempre que precisar de insights para construir estratégias de endomarketing de que sua empresa necessita.

ISBN: 978-85-82110-39-3
234 páginas
Formato: 16x23cm

CONTATOS DA AUTORA

www.happy.net.br
analisa@happy.net.br
+55 (51) 3327.4000
Facebook/analisabrum
LinkedIn/analisabrum
Instagram/analisa.brum

INTEGRARE EDITORA E LIVRARIA LTDA

www.editoraintegrare.com.br
Facebook/integrare
Instagram/editoraintegrare